AI 퍼스널 브랜딩

AI문고

인공지능 시대입니다. 기계가 인간의 인지를 대신하고, 사물이 인간을 통하지 않고 다른 사물과 직접 커뮤니케이션합니다. 이에 따른 인간 삶과 문명 변화를 정확히 이해·예측·대응하는 것은 이 시대 우리 모두의 과제입니다. AI문고는 인공지능 기술과 환경의 여러 주제를 10가지 키워드로 정리합니다. 관련 개념과 이론, 학계와 산업계의 쟁점, 우리 일상의 변화를 다룹니다. 인간과 기술의 현재, 미래를 세심히 분석합니다.

일러두기

- 인명, 작품명, 저서명, 개념어 등은 한글과 함께 괄호 안에 해당 국가의 원어를 병기했습니다.
- 외래어 표기는 현행 어문규정의 외래어표기법을 따랐습니다.

처음이세요?

전문가세요?

AI 퍼스널 브랜딩

구자룡

대한민국, 서울, 커뮤니케이션북스, 2025

AI 퍼스널 브랜딩

지은이 구자룡
펴낸이 박영률

초판 1쇄 펴낸날 2025년 5월 30일

커뮤니케이션북스(주)
출판 등록 2007년 8월 17일 제313-2007-000166호
02880 서울시 성북구 성북로 5-11
전화(02) 7474 001, 팩스(02) 736 5047
commbooks@commbooks.com
www.commbooks.com

ISBN 979-11-430-0208-2 03500

책값은 뒤표지에 표시되어 있습니다.

차례

AI 시대, 나를 브랜딩하는 방법

지금 시대는 전례 없는 속도로 변화하고 있다. 특히 생성형 AI(Generative Artificial Intelligence)의 등장은 개인의 역량과 경쟁력을 새롭게 정의하는 계기가 되고 있다. 과거에는 기업이나 단체가 중심이 되어 브랜드를 형성했다면, 이제는 개인도 자신만의 브랜드를 구축해야 하는 시대가 되었다. AI가 중심이 되는 이 시대에, 우리는 어떤 브랜드로 자신을 정의하고 세상과 연결할 수 있을까?

생성형 AI와 퍼스널 브랜딩의 교차점

생성형 AI는 텍스트, 이미지, 음성 등 다양한 콘텐츠를 자동으로 생성할 수 있는 기술이다. 이 기술은 단순히 작업을 자동화하거나 생산성을 높이는 데 그치지 않고, 개인이 가진 고유한 아이디어와 가치를 증폭시킬 수 있는 도구로 자리 잡고 있다. 퍼스널 브랜딩(Personal branding)은 자신을 하나의 브랜드로 정의하고, 사람들에게 일관된 이미지를 전달하는 것을 의미한다. 생성형 AI는 퍼스널 브랜딩의 과정을 크게 변화시키고 있다.

첫째, 생성형 AI는 창의력의 파트너가 된다. 과거에는 전문가만 가능했던 고품질 콘텐츠 제작이 이제는 AI의 도움으로 누구나 접근할 수 있는 영역이 되었다. 블로그 글, 소셜 미디어 포스트, 심지어 책이나 강연 자료도 AI를 활용해 짧은 시간에 만들어 낼 수 있다. 이를 통해 개인은 자신의 전문성을 더욱 돋보이게 할 수 있다. 예를 들어, 영상 제작 도구를 활용하면 짧은 시간에 고품질의 비디오 콘텐츠를 제작하거나 AI 기반의 카피라이팅 도구로 매력적인 메시지를 작성하는 것이 가능하다. 또한 AI가 제공하는 다양한 스타일과 포맷은 콘텐츠의 표현 방식을 더욱 다양하고 풍부하게 만들어 준다.

AI는 예술, 과학, 마케팅 등 다양한 영역에서 인간의 상상력을 극대화하는 도구로 활용되고 있다. 예컨대, 영화 시나리오 작성을 돕는 AI는 줄거리 아이디어를 제공하고, 시각적 아트워크를 위한 AI는 새로운 디자인 패턴을 창출한다. 이처럼 AI는 단순히 창작의 일부 과정을 대신하는 것을 넘어, 인간 창작자들이 자신의 능력을 더욱 발휘할 수 있는 환경을 제공한다.

둘째, AI는 데이터 기반의 브랜딩을 가능하게 한다. 개인이 소셜 미디어나 웹사이트에서 남긴 흔적을 분석해 강점과 약점을 파악하고, 이를 토대로 맞춤형 브랜딩 전략을 세울 수 있다. AI는 이런 분석 과정을 자동화하고, 더 정교하고 효과적인 방법으로 브랜딩을 도와준다. 예컨대, AI 기반의 분석 도구는 특정 키워드의 사용 빈도, 대중의 반응, 관심 주제 등을 실시간으로 제공해 개인화한 브랜딩 전략 수립을 돕는다.

AI의 데이터 분석 능력은 시간이 지남에 따라 더욱 정교해지고 있다. 이는 단순히 현재의 트렌드를 분석하는 것에 그치지 않고, 미래의 경향을 예측하는 데까지 활용될 수 있다. 예를 들어, AI는 특정 산업 내 소비자 행동 패턴을 분석하고, 이것으로 다가오는 시장 변화에 대비할 수 있는 예측 모델을 제시할 수 있다. 이처럼 데이터 기반 접근법은 개인 브랜드의 지속 가능성을 강화하는 데 중요한 역할을 한다.

셋째, AI는 글로벌 소통의 도구가 된다. 번역, 음성 변환, 멀티미디어 콘텐츠 제작으로 전 세계 사람들과의 연결을 가능하게 한다. 이제 언어의 장벽이나 기술적 한계는 더 이상 큰 장애물이 아니다. 퍼스널 브랜딩의 범위가 로컬(local)에서 글로벌(global)로 확장되는 것이다.

예를 들어, AI 번역 도구를 사용하면 자신의 블로그나 영상 콘텐츠를 여러 언어로 손쉽게 제공할 수 있어 글로벌 고객과의 소통이 강화된다. 또한 글로벌 시장에서 문화적으로 적합한 메시지를 전달하기 위한 콘텐츠 커스터마이징(Customizing)도 AI의 도움으로 용이해졌다. AI는 각 지역의 문화적 특성을 고려한 맞춤형 콘텐츠를 제작해 개인 브랜드의 영향력을 세계적으로 확대하는 데 기여한다.

나만의 브랜드를 정의하는 새로운 방법

생성형 AI가 개인의 브랜딩을 돕는 도구로 자리 잡고 있지만, 그 핵심은 여전히 '나만의 고유한 가치'를 정의하는 데 있다. AI는 어디까지나 도구일 뿐, 브랜드의 본질은 스스로 발견하고 발전시켜야 한다. 그렇다면 AI 시대에 나만의 브랜드를 정의하기 위해 어떤 과정을 거쳐야 할까?

자신을 발견하는 과정

자신의 강점과 열정을 정의하라. AI를 활용해 관심 분야의 트렌드나 데이터를 분석하며 자신의 강점과 열정을 명확히 해야 한다. 예를 들어, 특정 주제에 대한 글을 작성하거나 자신의 이야기를 AI 기반 영상으로 제작하며 브랜드 메시지를 강화할 수 있다. AI 기반 설문 도구나 데이터 분석 플랫폼을 활용하면 자신의 강점과 약점을 더 명확히 파악할 수 있다.

스토리텔링을 강화하는 데에도 AI는 유용하다. 감성 분석 기술로 자신의 콘텐츠에 대한 대중의 반응을 평가하고, 이를 바탕으로 더 공감 가는 메시지를 개발할 수 있다. AI는 자신만의 이야기를 독창적이고 매력적으로 전달할 수 있게 하는 도구가 된다.

디지털 흔적을 남기는 법

디지털 포트폴리오를 구축하라. 블로그, 유튜브, 소셜 미디어 등 다양한 플랫폼에서 디지털 흔적을 남기는 것은 이제 선택이 아니라 필수다. 생성형 AI를 활용해 전문성을 강조하는 콘텐츠를 만들고, 일관된 메시지를 전달해야 한다. AI 기반 디자인 도구를 활용해 시각적으로 매력적인 프레젠테이션(Presentation) 자료나 인포그래픽(Infographic)을 제작하거나 전문성을 드러낼 수 있는 사례 연구와 데이터를 포함한다.

디지털 포트폴리오는 단순히 온라인 흔적을 쌓는 것을 넘어 개인의 가치를 체계적으로 보여 주는 플랫폼이다. AI는 개인의 경력, 프로젝트, 성과 등을 시각적으로 정리하고, 이를 통해 더욱 명확하고 설득력 있는 브랜딩을 가능하게 한다. 이는 단순한 정보의 나열이 아니라 개인 브랜드의 스토리를 일관되게 전달하는 도구가 된다.

AI와의 협력

AI와 협력하는 학습 태도를 유지하라. AI는 지속적으로 발전한다. 최신 기술을 배우고 이를 자신의 브랜딩 전략에 통합하려는 태도가 중요하다. AI 툴을 활용해 자신의 아이디어를 구체화하고, 이것으로 더 큰 영향을 미칠 수 있는 방법을 고민해야 한다.

AI와 협력하는 과정은 단순히 기술을 사용하는 것을 넘어 인간의 독창성과 기술의 효율성을 결합하는 새로운 길을 열어 준다. 예컨대, AI는 초안 생성과 데이터 분석을 지원하고, 인간은 이를 바탕으로 창의적이고 감성적인 요소를 추가할 수 있다. 이 조화로운 협력은 개인 브랜드의 고유성을 유지하면서도 확장성을 갖게 한다.

AI 시대의 윤리적 고려

생성형 AI를 퍼스널 브랜딩의 도구로 활용할 때 윤리적 문제도 고려하라. 예를 들어, AI로 생성된 콘텐츠의 저작권은 누구에게 있는가? 허위 정보가 확산될 가능성은 어떻게 관리해야 하는가? 이러한 문제를 해결하기 위해서는 AI를 사용하는 개인의 책임감과 윤리적 기준이 무엇보다 중요하다.

첫째, 투명성을 유지하라. AI를 활용해 만든 콘텐츠임을 명확히 밝히고, 자신이 만든 콘텐츠와 AI가 생성한 콘텐츠를 구분해야 한다. 이는 신뢰를 유지하는 데 중요한 요소다. 투명성은 신뢰 구축의 첫걸음이다.

둘째, 신뢰할 수 있는 데이터를 사용하라. AI가 학습하는 데이터의 출처와 신뢰성을 확인해야 한다. 잘못된 데이터를 바탕으로 만든 콘텐츠는 브랜드의 신뢰도를 떨어뜨릴 수 있다. AI 모델을 학습시키기 위해 사용할 데이터의 품질과 정확성은 브랜딩 성공의 핵심이다.

셋째, 인간적 가치를 중심에 두라. AI가 할 수 없는 것은 바로 인간적 공감과 스토리텔링이다. 기술은 도구일 뿐이며 사람들은 여전히 사람다움을 원한다는 점을 기억해야 한다. 브랜드 메시지를 전달할 때 감정과 연결된 인간적 요소를 강조해야 한다.

퍼스널 브랜딩에 활용 가능한 생성형 AI들

퍼스널 브랜딩은 개인이 자신의 강점을 명확히 드러내고, 독자적 가치를 전달하는 과정이다. 생성형 AI를 활용해 더욱 효과적으로 퍼스널 브랜드(personal brand)

를 구축할 수 있는 방법들이 많아지고 있다. 특히 콘텐츠 제작과 관리, 데이터 기반 분석, 커뮤니케이션 자동화 등을 지원하는 AI 도구들이 주목받고 있다.

다음은 퍼스널 브랜딩에 유용한 생성형 AI들과 그 주요 특성이다.

텍스트 생성 AI: 챗GPT, 클로드, 제미나이

퍼스널 브랜딩에서 핵심적인 요소 중 하나는 일관된 메시지 전달이다. 블로그, 뉴스레터, 소셜 미디어 콘텐츠, 이메일, 광고 카피 등 다양한 텍스트 콘텐츠를 지속적으로 생산하는 것이 중요하다.

챗GPT(ChatGPT)는 자연스러운 문장 구성을 바탕으로 블로그 글, SNS 게시물, 뉴스레터, 이메일 등의 콘텐츠를 생성하는 데 유용하다. 또한 아이디어 브레인스토밍(Brainstorming)이나 카피라이팅(Copywriting) 개선 등 다양한 작업을 지원한다.

클로드(Claude)는 대용량 문서 요약 및 분석에 강점을 가지며 논리적이고 깊이 있는 글쓰기에 적합하다. 브랜드의 철학이나 가치를 깊이 있게 전달할 때 유용하다.

제미나이(Gemini)는 최신 정보를 검색하고 반영하는 기능이 강하며 다국어 지원이 우수해 글로벌 브랜딩에 활용할 수 있다.

이러한 AI 도구를 활용하면 퍼스널 브랜딩을 위한 콘텐츠를 보다 일관성 있게 유지하고, 짧은 시간 안에 높은 품질의 글을 작성할 수 있다.

이미지 생성 AI: 달리, 미드저니, 스테이블 디퓨전

브랜드의 시각적 아이덴티티(Identity)는 브랜드 메시지와 감성을 직관적으로 전달하는 중요한 요소다. 생성형 AI를 활용하면 브랜드의 고유한 이미지 스타일을 만들고, 맞춤형 그래픽을 제작할 수 있다.

달리(DALL-E)는 텍스트 설명을 기반으로 창의적인 이미지를 생성할 수 있으며 로고 디자인, 일러스트 제작, 인포그래픽 디자인 등에 활용할 수 있다.

미드저니(Midjourney)는 감성적이고 예술적인 스타일의 이미지 제작에 강점을 가지며 브랜드의 차별화된 분위기를 표현하는 데 적합하다. 특히 감각적인 아트워크(art work)를 활용한 브랜딩이 필요할 때 유용하다.

스테이블 디퓨전(Stable Diffusion)은 오픈소스 기반의 이미지 생성 AI로, 자유롭게 스타일을 설정하고 세밀한 조정을 할 수 있어 커스터마이징이 필요한 경우 활용하기 좋다.

이미지 생성 AI를 활용하면 디자이너 없이도 브랜드의 콘셉트에 맞는 고품질의 비주얼 콘텐츠를 제작할 수 있으며 브랜드 일관성을 유지하는 데 도움이 된다.

동영상 생성 AI: 런웨이, 피카랩스, 신디시아

영상 콘텐츠는 브랜드 메시지를 강력하게 전달하는 수단 중 하나이며 최근 SNS와 유튜브의 성장으로 더욱 중요한 요소가 되었다. 그러나 영상 제작은 시간과 비용이 많이 들기 때문에 AI를 활용한 자동화가 필수다.

런웨이(Runway)는 AI 기반의 영상 편집 및 생성 도구로 자동 배경 제거, 오브젝트 제거, 영상 보정, 스타일 변환 등의 기능을 제공한다. 초보자도 쉽게 활용할 수 있어 영상 편집에 대한 전문적인 지식 없이도 높은 품질의 결과물을 만들 수 있다.

피카랩스(Pika Labs)는 AI를 활용한 애니메이션 및 영상 효과를 제공하며 감각적 영상 콘텐츠 제작에 적합하다. 브랜드의 독창성을 살리고, 몰입감 있는 비주얼을 연출할 때 유용하다.

신디시아(Synthesia)는 AI 아바타와 음성을 활용한 자동 내레이션 영상을 제작할 수 있으며 직접 출연하지 않고도 브랜드 메시지를 전달할 수 있다. 인터뷰 스타일의 영상이나 교육용 콘텐츠에 특히 강점이 있다.

AI 기반 동영상 생성 도구를 활용하면 비용과 시간을 절약하면서도 지속적으로 브랜드 스토리를 전달하는 고품질 영상을 제작할 수 있다.

슬라이드와 문서 생성 AI: 감마, 캔바 매직라이트, 톰

퍼스널 브랜딩에서는 강연, 프레젠테이션, 온라인 강의 등의 콘텐츠를 제작할 일이 많다. 이러한 작업을 보다 효과적으로 수행하려면 AI 기반 슬라이드 및 문서 생성 도구를 활용하는 것이 좋다.

감마(Gamma)는 논리적인 문서와 슬라이드를 자동으로 생성하는 기능이 강하며 요약 및 정리 기능을 제공해 프레젠테이션 준비 시간을 단축할 수 있다.

캔바 매직라이트(Canva Magic Write)는 캔바의 디자인 기능과 연계해 문서와 슬라이드를 빠르게 제작할 수 있도록 도와준다.

톰(Tome)은 스토리텔링 중심의 프레젠테이션 제작을 지원하며 자동으로 슬라이드를 생성하고 시각 효과를 더할 수 있다.

이러한 도구를 활용하면 시간을 절약하면서도 시각적으로 매력적인 콘텐츠를 제작할 수 있으며 브랜드의 전문성을 효과적으로 표현할 수 있다.

자동화와 분석 AI: 노션 AI, 챗GPT ADA, 줄리어스, 파워드릴

퍼스널 브랜딩은 콘텐츠 제작뿐만 아니라 운영과 관리도 중요한 요소다. AI 기반의 자동화와 분석 도구를 활용하면 브랜드 활동을 보다 체계적으로 운영할 수 있다.

노션 AI(Notion AI)는 메모 정리, 문서 요약, 일정 관리 등의 기능을 제공하며 아이디어를 체계적으로 정리하는 데 유용하다.

챗GPT ADA(Advanced Data Analysis, 고급 데이터 분석)은 데이터 분석과 시각화 기능을 제공해 브랜딩 성과 분석 및 전략 수립에 활용할 수 있다.

줄리어스(Julius) AI는 복잡한 데이터를 직관적이고 사용자 친화적인 방식으로 해석, 분석, 시각화하는 지능형 데이터 분석 도구로 일반인도 사용하기 쉽고 간단한 프로젝트에 적합하다.

파워드릴(PowerDrill) AI는 빠르고 효율적인 데이터 분석을 위한 강력한 플랫폼으로 실시간 분석, 사용자 정의가 가능한 대시보드, 추세 예측을 위한 고급 머신 러닝을 제공한다.

이러한 도구를 활용하면 업무를 자동화하고 데이터

기반의 의사결정을 내릴 수 있어 더욱 효과적인 퍼스널 브랜딩이 가능하다.

동영상 편집 AI: 브루, 와이즈컷

퍼스널 브랜딩을 위해 동영상 콘텐츠를 제작할 때, 편집 과정은 많은 시간과 노력이 필요한 작업이다. 하지만 AI 기반 동영상 편집 프로그램을 활용하면 효율적으로 편집할 수 있으며 전문적인 결과물을 쉽게 얻을 수 있다.

브루(Vrew)는 자동 자막 생성 및 편집 기능을 제공하는 AI 기반 영상 편집 프로그램으로 국내 스타트업에서 만들었다. 한국어를 비롯한 다양한 언어의 음성을 텍스트로 변화하는 데 강점이 있으며 유튜브 및 SNS 콘텐츠 제작자들에게 인기가 많다. 자동으로 영상 속 대사를 분석하고 자막을 생성해 주며 자막 스타일을 편리하게 조정할 수 있어 영상의 가독성과 전달력을 높일 수 있다. 또한 불필요한 음성을 자동으로 감지하고 컷 편집을 추천하는 기능이 있어 편집 시간을 단축할 수 있다.

와이즈컷(Wisecut)은 음성을 자동으로 분석해 컷 편집을 수행하는 AI 편집 도구다. 음성 기반 영상 콘텐츠를 제작할 때 효과적이며 자동 자막 삽입 및 배경 음악 추천 기능을 제공한다. 특히 영상의 흐름을 자연스럽게 연결하는 기능이 있어 인터뷰나 강연 영상 편집에 유리하다.

이러한 도구를 활용하면 동영상 편집의 시간을 절약하면서도 전문적인 결과물을 쉽게 얻을 수 있다.

생성형 AI를 활용하면 퍼스널 브랜딩의 모든 과정에서 효율성을 높이고, 더 높은 수준의 콘텐츠를 제작할 수 있다. 텍스트, 이미지, 동영상, 오디오, 문서, 데이터 분석 등 다양한 도구를 전략적으로 활용하면 브랜드의 일관성을 유지하고, 차별화된 브랜딩을 구축하는 것이 가능하다. 각 AI 도구의 특성을 이해하고 적절하게 조합해 사용하면, 보다 효율적이고 전문적인 브랜딩 활동을 전개할 수 있다.

AI와 퍼스널 브랜드를 구축하는 7단계

현대사회에서 AI는 단순히 기술의 한계를 넘어 우리의 일상과 업무에 깊숙이 스며들고 있다. 이제 더 이상 AI는 먼 미래의 이야기나 거대한 기업만의 전유물이 아니다. 생성형 AI는 개인이 자신만의 브랜드를 정의하고 강화하는 데 강력한 도구로 자리 잡고 있다.

이 책은 생성형 AI와 퍼스널 브랜딩의 만남이 어떤 혁신적 가능성을 열어 줄 수 있는지 탐구한다. 이를 위해 먼저 브랜딩 전문가와 전문 데이트 코치인 질 에이버리

(Jill Avery)와 레이첼 그린월드(Rachel Greenwald)가 ≪하버드비즈니스리뷰(Harvard Business Review)≫에 기고한 퍼스널 브랜드 구축을 위한 새로운 접근 방식을 검토했다. 이들의 접근 방식은 자신만의 가치 제안을 만들고 표현하는 의도적이고 전략적인 접근 방식으로 전략 수립에서 피드백에 따른 조정에 이르는 7단계로 구성되어 있다(Avery & Greenwald, 2023).

이를 바탕으로 이 책에서는 AI를 활용해 나만의 독창적인 브랜드를 구축하는 'AI 기반 퍼스널 브랜딩 7단계 프로세스'를 제안한다. 생성형 AI를 활용해 퍼스널 브랜드를 만드는 하나의 가이드 역할을 할 것이다.

AI 기반 퍼스널 브랜딩 7단계 프로세스의 핵심 내용은 다음과 같다.

1단계: 퍼스널 브랜드의 목적 정의하기

퍼스널 브랜드 구축의 근본적인 목표는 장기적인 비전과 사명을 확립하는 데 있다. 브랜드의 정체성이 명확할수록 지속성과 일관성이 유지되며, 궁극적으로 시장 내에서 차별화된 퍼스널 브랜드를 형성할 수 있다. 따라서 브랜드 구축 초기 단계에서는 자신의 전문적 목표, 핵심 가치, 그리고 이를 통해 창출할 수 있는 가치를 체계적으로 정의해야 한다.

퍼스널 브랜드의 목적을 정의하는 과정에서, 기업 경영 전략에서 사용되는 미션-비전-가치(MVV, Mission-Vision-Value) 프레임워크를 적용해 장기적인 방향성을 설정하는 것이 효과적이다. 또한 개인의 정체성을 반영하는 브랜드 핵심 메시지를 구축해 타깃 고객과의 공감대를 형성할 필요가 있다.

2단계: 퍼스널 브랜드의 자산 검토하기

브랜드를 구축하기 위해서는 먼저 개인의 역량, 경험, 전문성, 네트워크, 온라인 자산 등을 분석해야 한다. 이를 위해 SWOT 분석(Strength, Weakness, Opportunity, Threat: 강점, 약점, 기회, 위협 요소 분석)을 활용해 브랜드의 차별화 요소를 도출하는 것이 중요하다.

기존의 온라인 및 오프라인 자산(소셜 미디어 프로필, 웹사이트, 논문, 출간물, 강의 이력 등)이 브랜드의 목표와 일치하는지를 평가하고, 필요에 따라 리브랜딩(Rebranding) 전략을 고려해야 한다. 자산 검토를 통해 개인의 전문성을 효과적으로 전달할 수 있는 최적의 브랜딩 요소를 도출해야 한다.

3단계: 퍼스널 브랜드의 내러티브 구성하기

브랜드의 핵심 내러티브(Narrative, 경험에 의한 이야기)는 단순한 자기소개가 아니라 개인의 가치관과 차별성을 반영하는 강력한 스토리텔링 구조를 가져야 한다.

효과적인 내러티브는 과거(출발점)-현재(핵심 역량 및 활동)-미래(비전 및 목표)의 구성 요소로 체계적으로 정리되어야 한다. 이를 통해 브랜드의 일관성을 유지하면서도 감성적 공감을 불러일으킬 수 있다.

스토리텔링을 강화하기 위해 개인의 경험과 업무 성과를 반영한 사례 기반 접근법을 활용하면 브랜드의 신뢰도를 높일 수 있다.

4단계: 퍼스널 브랜드 정교화하기

브랜드의 정교화 과정에서는 개인이 타깃 고객에게 어떻게 인식되고 있는지를 객관적으로 분석해야 한다. 브랜드의 시각적 요소(로고, 컬러, 디자인), 커뮤니케이션 스타일, 메시지의 일관성을 유지하며 이를 통해 강력한 브랜드 아이덴티티를 구축해야 한다.

브랜드 정교화를 위해 데이터 기반 접근법을 활용해 소셜 미디어 및 웹사이트 트래픽, 온라인 평판 분석을 통해 브랜딩 효과를 정량적으로 평가할 필요가 있다.

브랜드 정체성을 강화하기 위해 정기적인 콘퍼런스 발표, 칼럼 기고, 네트워크 구축 등의 활동을 병행하는 것이 중요하다.

5단계: 퍼스널 브랜드 커뮤니케이션하기

브랜드의 효과적인 커뮤니케이션을 위해 디지털 및 오프라인 채널 전략을 수립해야 한다. 미디어 매트릭스(Media matrix)를 활용해 각 채널의 특성에 맞는 콘텐츠 전략을 구체적으로 계획해야 한다.

브랜드 메시지 전달을 위해 콘텐츠 마케팅(Content marketing) 기법을 적용하고, 다양한 포맷(블로그, 유튜브, 팟캐스트, 전문지 기고 등)을 활용해 브랜드의 가시성을 극대화해야 한다.

글로벌 고객을 대상으로 브랜드를 확장하기 위해 다국어 콘텐츠 전략 및 번역 서비스를 활용하는 것도 고려할 필요가 있다.

6단계: 퍼스널 브랜드 확산하기

브랜드의 신뢰도를 높이고 확산력을 강화하기 위해 네트워크 효과(Network effect)를 적극 활용해야 한다. 이를 위해 영향력 있는 인플루언서(Influencer), 학계 및 업계 전문가들과의 협업을 강화하고, 공동 프로젝트를 추진하는 것이 효과적이다.

브랜드의 사회적 영향력을 극대화하기 위해 온라인 커뮤니티 구축, 웨비나(Webinars), 전문가 패널 참여 등의 방법을 활용해 브랜드의 입지를 공고히 해야 한다.

브랜딩을 위한 사회적 증거(Social proof)를 확보하기 위해 전문지 기고 인용, 강의 평가, 고객 후기 등을 체계적으로 수집하고 이를 활용하는 것이 필요하다.

7단계: 퍼스널 브랜드 재평가 및 조정하기

브랜드는 지속적으로 변화하는 환경에 적응해야 하므로 정기적인 성과 평가 및 전략적 조정이 필수다.

데이터 분석으로 브랜드의 성과를 측정하고, 피드백 루프(Feedback loop)를 활용해 브랜드 메시지, 커뮤니케이션 전략, 온라인 평판을 지속적으로 개선해야 한다.

시장 트렌드, 기술 발전, 개인적 목표 변화에 따라 브랜드 전략을 유연하게 조정하고, 장기적인 성장 기반을 마련하기 위해 지속적인 리브랜딩 전략을 적용해야 한다.

AI와 함께하는 브랜딩 여정의 시작

이 책은 퍼스널 브랜딩을 고민하는 이들에게 단순한 이론이 아닌 구체적이고 실천 가능한 방법을 제시한다. AI라는 도구는 단순히 작업을 자동화하거나 시간을 절약하는 데 그치지 않는다. 이는 우리의 창의성을 확장하고, 더 나아가 우리 자신을 새로운 방식으로 표현할 수 있는 기회를 제공한다. 결국 중요한 것은 기술을 넘어서는 진정성이다. AI는 우리를 대신할 수 없다. 우리의 정체성과 가치, 그리고 이를 고객과 연결하는 과정은 여전히 인간의 몫이다. 그러나 AI는 이러한 여정을 더욱 풍부하게 만들어 줄 것이다. 이 책은 AI와 함께 자신을 브랜드화하고 싶은 모든 이들에게 실질적인 가이드가 될 것이다. 이제 당신은 AI 시대에 어떤 브랜드가 될 것인가? 이 책과 함께 그 여정을 시작해 보자.

참고문헌

구자룡(2022). 『직장 없는 시대의 브랜딩』. 밀리의서재.

Avery, J. & Greenwald, R.(2023). A New Approach to Building Your Personal Brand. *Harvard Business Review*, May-June. https://hbr.org/2023/05/a-new-approach-to-building-your-personal-brand

01
퍼스널 브랜딩의 기본 원리

퍼스널 브랜딩은 개인이 자신의 정체성과 강점을 전략적으로 구축하고, 이를 시장에서 효과적으로 전달하는 과정이다. 단순한 자기 홍보가 아니라 신뢰성과 전문성을 기반으로 지속 가능한 브랜드 가치를 창출하는 것이 핵심이다. 성공적인 퍼스널 브랜딩을 위해서는 진정성, 차별화, 전문성, 일관성이 필수다.

AI와 1인 창업?

퍼스널 브랜딩이란

디지털 시대가 되면서 개인의 브랜드 가치는 점점 더 중요해지고 있다. 소셜 미디어와 온라인 플랫폼의 발달로 누구나 자신만의 브랜드를 만들고 소통할 수 있는 기회를 얻게 되었다. 이제는 더 이상 회사의 브랜드가 나를 증명해 주지 않는다. 결국 내가 나만의 브랜드가 되어야 하며 이를 위해서는 나의 정체성과 강점을 발견하는 것이 필수다. 퍼스널 브랜딩은 단순한 유행이 아니라 이미 오래전부터 중요한 개념이었다.

경영 전문가 톰 피터스(Tom Peters)는 "오늘날 사업을 하려면 가장 중요한 일은 당신이라는 브랜드의 수석 마케터가 되는 것입니다. 당신은 직함으로 정의되지 않고, 직무 설명에 국한되지 않습니다. 오늘부터 당신은 브랜드입니다"(Peters, 1997)라고 말했다. 이는 개인이 자신만의 브랜드를 구축하고, 'Me Inc.'의 CEO가 되어야 한다는 점을 강조한 말이다.

브랜드 연구의 대가 케빈 켈러(Kevin Keller)는 "브랜드는 소비자가 제품이나 서비스의 가치를 인식하는 일련의 정신적 연관성"(Keller, 1998)이라고 했다. 이러한 연관성은 고유하고(독창성), 강력하며(눈에 띄고), 긍정적(바람직한 가치)이다. 개인 브랜딩에도 똑같이 적용된다. 퍼스널 브랜드는 개인이 대중과 소통하며 신뢰를 쌓고, 강력한 정체성을 구축하는 과정이다.

아마존 창립자 제프 베이조스(Jeff Bezos)는 1998년 주주 서한에서, 아마존을 '세계에서 가장 고객 중심적인 회사로 만들고자 한다'고 강조하며, 고객의 인식과 브랜드의 성공 사이에 상관관계가 있다는 것을 언급했다. 고객 인식이 브랜드 성공에서 중요하다는 점을 강조한 것이다. 그의 말로 회자되는 "당신의 브랜드는 당신이 자리에 없을 때 사람들이 당신에 대해 이야기하는 내용입니다"라는 것 역시 같은 의미다. 이 말은 퍼스널 브랜딩의 본질을 간결하게 설명한 것으로 해석할 수 있다. 내가 고객들에게 어떤 브랜드로 인식되고 싶은지 깊이 고민해야 한다.

소셜 미디어를 기반으로 퍼스널 브랜딩을 한 마이크 김(Mike Kim)은 "퍼스널 브랜딩은 자신만의 고유한 가치를 이해하고 표현하며 진정성을 유지하고 잠재 고객과 깊은 관계를 형성하는 것이다"(Kim, 2021)라고 했다. '나다움'으로 진정성을 가지고 고객과의 관계를 구축하는 퍼스널 브랜딩을 제안했고, 스스로 퍼스널 브랜드를 훌륭하게 구축했다.

브랜드 전문가 구자룡은 "브랜드는 본질적인 정체성

과 차별성을 기반으로 고객에게 가치를 제공해야 하며 이를 통해 지속적이고 일관되게 전개해야 한다"(구자룡, 2022)고 강조했다. 퍼스널 브랜딩은 단순한 자기 홍보가 아니라 자신의 정체성과 가치를 바탕으로 한 장기적 전략으로 접근해야 된다는 점을 강조한 것이다.

정리하면, 퍼스널 브랜딩은 개인이 자신의 고유한 정체성과 강점을 전략적으로 구축하고, 이를 시장에서 효과적으로 전달하는 과정이다. 단순한 자기 홍보를 넘어 신뢰와 전문성을 기반으로 지속 가능한 브랜드 가치를 창출하는 활동이다.

퍼스널 브랜딩의 본질

퍼스널 브랜딩은 지속 가능한 가치를 구축하는 과정으로, 브랜드를 쌓는 데는 시간이 걸리지만 무너지는 것은 한순간이다. 자기다움을 유지하면서 고객에게 신뢰를 주는 것이 가장 중요하다. 퍼스널 브랜드의 본질적인 특성을 몇 가지로 정리할 수 있다.

퍼스널 브랜딩과 차별화

퍼스널 브랜드는 경쟁 브랜드와 차별화해야 하며 고객이 원하는 핵심 가치를 제공할 수 있어야 한다. 퍼스널 브랜드는 단순한 제품이 아니라 개인의 경험과 전문성이 중심이 되므로, 자신만의 강점을 명확히 정리하고 이를 적극적으로 활용해야 한다.

브랜드의 핵심 가치와 고객 중심 사고

퍼스널 브랜드를 성공적으로 구축하려면 자신이 제공할 핵심 가치를 명확히 정의하고, 고객이 원하는 가치를 제공해야 한다. 퍼스널 브랜딩은 고객이 진정으로 필요로 하는 것을 이해하고, 이에 맞는 서비스를 제공하는 과정이다.

퍼스널 브랜드의 신뢰성과 지속성

퍼스널 브랜드는 단기간에 형성되지 않는다. 장기적인 노력과 꾸준한 활동으로 강화된다. 특히 신뢰를 쌓고 꾸준히 브랜드 가치를 전달하는 것이 핵심이며 단순한 마케팅 전략보다 진정성 있는 관계 형성이 중요하다.

퍼스널 브랜딩은 단순한 이미지 메이킹이 아니라 개인의 전문성과 정체성을 명확히 정립하고, 지속적으로 가치를 창출하며 신뢰를 구축하는 전략적 과정이다. 이는 사회적 자본 형성의 중요한 요소로 작용하며 네트워크와 신뢰를 기반으로 성장할 구조를 만들어야 한다.

퍼스널 브랜딩의 핵심 요소

퍼스널 브랜딩의 핵심 요소는 진정성, 차별화, 전문성, 일관성으로 정리할 수 있다.

진정성

진정성(Authenticity)은 브랜드 신뢰도를 결정짓는 핵심 요소다. 소비자와 고객은 진정성이 부족한 브랜드를 신뢰하지 않으며, 이는 장기적인 브랜드 충성도에 부정적인 영향을 미친다.

진정성이 높은 브랜드가 고객과의 신뢰 관계를 형성하고, 장기적인 충성도를 확보할 가능성이 크다. 즉 가장 강력한 브랜드는 진정한 자아에서 시작된다. 진정성 있는 브랜드를 구축하는 방법은 다음과 같다.

- 자신의 핵심 가치와 신념을 명확히 정의하고 브랜드에 반영한다.
- 고객과의 소통에서 투명성을 유지하고 과장된 표현을 피한다.
- 지속적으로 성장하며 브랜드의 신뢰성을 강화한다.

차별화

차별화(Differentiation)는 경쟁 시장에서 돋보이기 위한 필수 요소다. 퍼스널 브랜드가 차별화되지 않으면 '대체 가능한 인물'로 인식될 가능성이 크다. 마케팅 거장 세스 고딘(Seth Godin)은 "혼잡한 시장에서 눈에 띄지 않는 것은 존재하지 않는 것과 같다"(Godin, 2003)라고 했다. 들판에 있는 소들 사이에서 존재감을 뽐내는 '보랏빛 소'와 같이 차별화가 필수라는 점을 강조한 것이다.

퍼스널 브랜딩의 차별화 요소에는 특정한 기술(Skill), 경험(Experience), 스타일(Style), 그리고 개인 스토리(Story) 등이 있다. 차별화 구축 방법은 다음과 같다.

- 전문 기술과 능력 강조: 특정 분야에서 전문성을 구축해 신뢰도를 높인다.
- 개인의 경험 활용: 경험은 브랜드 신뢰성을 높이는 중요한 요소다.
- 독특한 스타일 유지: 개성과 브랜드 정체성을 명확히 한다.
- 개인적인 이야기(스토리텔링) 활용: 고객과 감정적으로 연결된다.

전문성

전문성(Expertise)은 특정 분야에 대한 깊이 있는 지식과 숙련된 기술을 의미한다. 이는 브랜드의 신뢰성과 권위를 높이는 중요한 요소다.

전문성은 소비자의 신뢰를 얻고 브랜드의 평판을 향상시키는 데 필수 요소다. 전문성을 바탕으로 고객에게 가치 있는 정보와 솔루션을 제공할 수 있어야 한다. 전문성을 구축하는 방법은 다음과 같다.

- 전문 지식 습득: 관련 분야의 최신 정보와 기술을 꾸준히 학습하고 습득한다.
- 경험 축적: 실무 경험을 통해 전문성을 강화하고 노하우를 축적한다.
- 전문성 공유: 블로그, 소셜 미디어, 강연 등을 통해 전문 지식을 공유하고 소통한다.
- 자격증 · 인증 획득: 관련 분야의 자격증이나 인증을 획득해 전문성을 객관적으로 증명한다.

일관성

일관성(Consistency)은 브랜드 인식을 공고히 하는 중요한 요소다. 일관된 메시지가 없으면 브랜드 신뢰도가 하락하고, 장기적으로 브랜드 가치가 감소할 수 있다. 브랜드 연구의 대가인 장 노엘 캐퍼러(Jean-Noel Kapferer)는 "브랜드의 일관성은 장기적인 성공을 보장하는 핵심 요소이며 브랜드 아이덴티티를 형성하는 필수 전략"(Kapferer, 2008)이라고 말했다.

일관된 브랜드 커뮤니케이션으로 일관된 경험을 축적해야 퍼스널 브랜드의 파워가 형성된다. 일관성을 유지하는 방법은 다음과 같다.

- 모든 커뮤니케이션 채널에서 동일한 브랜드 메시지를 유지한다.
- 브랜드의 색상, 로고, 콘텐츠 스타일 등을 일관되게 사용한다.
- 장기적인 브랜드 전략을 수립하고, 변화가 필요하다면 점진적으로 조정한다.

퍼스널 브랜딩은 단순한 개인 홍보를 넘어 지속 가능한 가치 창출을 위한 전략적 접근이 필요하다. 진정성은 브랜드 신뢰도를 형성하고, 차별화는 시장 내 경쟁력을 확보하며 전문성은 브랜드의 신뢰성과 권위를 높이며 일관성은 브랜드의 지속성을 보장한다. 이 네 가지 요소는 서로 유기적으로 작용한다. 퍼스널 브랜드는 진정성 있고 차별화한 전문 메시지를 일관되게 전달할 때 브랜딩이 된다.

참고문헌

구자룡(2022). 『직장 없는 시대의 브랜딩』. 밀리의서재.

Bezos, J.(1998). https://media.corporate-ir.net/media_files/irol/97/97664/reports/Shareholderletter98.pdf

Kapferer, J. N.(2008). *The New Strategic Brand Management: Creating and Sustaining Brand Equity Long Term.* Kogan Page Publishers. 윤경구 외 옮김(2009). 『뉴패러다임 브랜드 매니지먼트』. 김앤김북스.

Keller, K. et al.(1998). The effects of brand name suggestiveness on advertising recall. *Journal of Marketing*, 62(1), pp.48-58.

Kim, M.(2021). *You Are The Brand: The 8-Step Blueprint to Showcase Your Unique Expertise and Build a Highly Profitable, Personally Fulfilling Business.* Morgan James Publishing. 이한이 옮김(2024). 『나다움으로 시작하는 퍼스널 브랜딩』. 현대지성.

Peters, T.(1997.8.31). *The Brand Called You.* Fast Company.

Godin, S.(2003). *Purple Cow: Transform Your Business by Being Remarkable.* Portfolio. 이주형 · 남수영 옮김(2023). 『보랏빛 소가 온다』. 쌤앤파커스.

02

생성형 AI와 퍼스널 브랜딩 혁신

생성형 AI가 퍼스널 브랜딩에 미치는 영향을 분석하며 AI를 활용한 콘텐츠 제작, 데이터 기반 브랜딩 전략, 맞춤형 브랜드 경험 제공 방법을 설명한다. AI는 블로그, SNS, 영상 제작 등에서 효율성을 극대화하며 트렌드 분석과 최적화한 전략을 제공해 개인 브랜드 성장에 기여한다. 미래에는 AI가 더욱 강력한 브랜딩 파트너가 될 것이다.

AI와 MBTI?

생성형 AI의 원리와 도구로서의 AI

생성형 AI는 방대한 양의 데이터를 학습해 새로운 텍스트, 이미지, 오디오, 비디오 등의 콘텐츠를 생성하는 기술이다. 이 기술은 딥러닝(Deep Learning) 알고리즘을 기반으로 작동하며 자연어 처리(NLP, Natural Language Processing) 모델, 이미지 생성 모델 등의 세부 기술을 포함하고 있다. 대표적인 생성형 AI 모델로는 챗GPT(ChatGPT), 제미나이(Gemini), 클로드(Claude), 퍼플렉시티(Perplexity), 미드저니(Midjourney), 달리(DALL-E) 등이 있다.

이러한 AI는 특정 패턴을 학습해 사용자의 요구에 맞게 자동으로 콘텐츠를 생성하는 역할을 한다. 즉 AI는 단순히 기존 데이터를 조합하는 것이 아니라 기존의 학습된 패턴을 분석하고 예측해 새로운 콘텐츠를 만들어낸다. 이 과정에서 딥러닝 기술이 핵심적으로 활용되며, 대규모 신경망이 방대한 데이터셋(Data set)을 바탕으로 자연스러운 문장이나 이미지 생성이 가능하다.

'챗GPT의 어머니'로 불리는 미라 무라티(Mira Murati) 전 오픈AI 최고기술책임자(CTO)는 다트머스대학교에서 열린 한 대담에서 "AI 제품은 사람들과 협업할 수 있는 도구"라며 "AI 도구가 인간의 창의성을 확장할 것"이라고 말했다. 그러면서 "AI 도구는 누구나 창의성을 발휘할 수 있도록 장벽을 낮춰준다"라고 덧붙였다(Murati, 2024).

우리는 이미 코딩, 데이터 분석, 이미지 생성, 동영상 생성, 글쓰기 등 다양한 분야에서 AI를 창의성 도구로 활용하고 있다. 그렇다면 퍼스널 브랜드를 구축하는 과정에서도 AI를 도구로 활용할 수 있다. 문제는 하루가 다르게 발전을 거듭하는 AI를 어떻게 퍼스널 브랜딩 도구로 활용할 것인가 하는 것이다.

생성형 AI가 퍼스널 브랜딩에 미치는 영향

퍼스널 브랜딩이란 개인이 자신의 전문성과 개성을 기반으로 사회에서 차별화된 가치를 구축하는 과정이다. 생성형 AI는 이러한 퍼스널 브랜딩 과정에서 필수 도구로 자리 잡아 가고 있다. 특히 AI는 반복적인 작업을 자동화하고, 창의적인 아이디어를 신속하게 제공하며 데이터 분석을 통한 최적의 전략을 제안할 수 있다.

이러한 점에서 AI는 1인 기업가, 크리에이터, 강연자, 작가, 프리랜서 등 퍼스널 브랜드를 구축하고자 하는 전문가들에게 매우 유용한 도구가 된다.

콘텐츠 제작의 효율성 향상

AI를 활용하면 블로그, 뉴스레터, SNS 포스트 등 다양한 형태의 콘텐츠를 자동 생성할 수 있다. 예를 들어, AI 기반 블로그 생성 도구를 이용하면 자동으로 키워드를 분석하고 검색 엔진 최적화(SEO)가 반영된 글을 생성할 수 있어 개인 브랜드의 검색 노출 효과를 극대화할 수 있다.

유튜브 제작자들은 AI 기반 영상 편집 프로그램을 활용해 자동 자막 생성, 영상 요약본 제작 등을 통해 콘텐츠 제작 시간을 절감할 수 있다. 대표적으로 챗GPT, 캔바(Canva) AI, 브루(Vrew) 등이 있다.

데이터 기반 브랜딩 전략 수립

AI는 시장 분석 및 경쟁 브랜드 비교를 통해 개인 브랜딩 전략을 최적화할 수 있다. AI 기반 데이터 분석 도구를 활용하면 구독자의 성향을 분석하고, 최적의 콘텐츠 주제를 제안할 수 있다.

AI 기반 트렌드 분석 도구를 사용하면 향후 인기 키워드를 예측해 보다 선제적으로 대응할 수 있다. 특정 업종에 맞춤화된 브랜딩 전략을 AI가 분석해 제공해 보다 효과적인 브랜드 성장 계획을 세울 수 있다. 대표적으로 챗GPT ADA, 줄리어스(Julius) AI, 파워드릴(PowerDrill)

AI 등이 있다.

맞춤형 브랜드 경험 제공

AI 챗봇과 가상 비서는 개인 브랜드를 홍보하고 팔로어들과 보다 긴밀한 관계를 구축하는 데 도움을 준다. AI 기반 음성 및 영상 생성 기술이 발전하면서 브랜드 아이덴티티를 더욱 강하게 구축하는 것이 가능해졌다.

AI는 개인 맞춤형 뉴스레터, 이메일 마케팅, 영상 추천 시스템을 자동화해 브랜드 가치를 지속적으로 관리할 수 있게 한다.

성공적으로 구축한 퍼스널 브랜드와 생성형 AI

퍼스널 브랜드를 성공적으로 구축한 사람들이 있다. 개인의 브랜드를 구축하고 강화하는 데 도구는 중요한 선택의 하나다. 디지털 시대가 되면서 주로 소셜 미디어를 통해 브랜드를 구축하게 되었고, 생성형 AI 시대가 되면서 자연스럽게 AI를 퍼스널 브랜딩에 활용하기 시작했다. 디지털 기반으로 퍼스널 브랜드를 구축한 국내외 사례를 살펴본다.

소셜 미디어 전문가이자 기업가 게리 바이너척

게리 바이너척(Gary Vaynerchuk)은 소셜 미디어와 디지털 마케팅을 활용해 개인 브랜드를 성공적으로 구축한 대표 인물이다.

그는 1990년대 후반, 아버지의 주류 판매점을 온라인 플랫폼인 '와인라이브러리(Wine Library)'로 전환해 5년 만에 매출을 300만 달러에서 6000만 달러로 성장시켰다. 2006년부터 '와인라이브러리TV'라는 유튜브 채널을 운영하며 일상적인 언어와 독특한 표현으로 와인을 소개했다. 이를 통해 대중과 적극 소통하며 인지도를 높였다. 2009년에는 소셜 미디어의 중요성을 인지하고 '베이너미디어(VaynerMedia)'를 설립해 다양한 기업의 디지털 마케팅을 지원했다.

게리는 하루에도 여러 개의 콘텐츠를 다양한 플랫폼에 게시하며 청중과의 접점을 광범위하게 늘렸다. 새로운 소셜 미디어 플랫폼이 등장할 때마다 적극적으로 참여해 초기 사용자로서의 이점을 활용했다. 그는 소셜 미디어와 디지털 마케팅을 효과적으로 활용해 '게리 바이너척'과 별명인 '게리비(GaryVee)'를 개인 브랜드로 구축했다.

그는 자신만의 독특한 커뮤니케이션 스타일과 지식을

결합해 강력한 퍼스널 브랜드를 구축했다. 그는 자신의 팟캐스트에서 AI가 콘텐츠를 생성할 수 있지만, 진정한 인간 연결을 대체할 순 없다고 하면서 신뢰는 진심에서 나온다는 점을 강조했다. 또한 '링크드인 포스트(LinkedIn post)'에서 "챗GPT가 당신의 트윗을 작성해 줄 수 있지만, 팔로어들이 원하는 건 당신의 독창적인 목소리"라고 언급했다. 그리고 "기술은 효율성을 높이지만, 감정적 공감은 오직 인간의 진실성에서 비롯한다"는 점을 강조했다(Vaynerchuk, 2021).

게리 바이너척은 소셜 미디어를 통해 스스로 브랜딩한 디지털 마케팅 전문가이자 브랜드 전략가로 포지셔닝했다. 실제 경험과 가치를 공유해 퍼스널 브랜딩을 증명한 경우라고 할 수 있다. 소셜 미디어와 AI는 강력한 도구이지만, 사람들의 신뢰를 얻는 것은 오직 자신만의 진정성이다. AI가 블로그를 쓰고, SNS 콘텐츠를 생성할 수는 있지만, 결국 사람들은 '누가' 말하는지를 본다. AI를 활용하더라도 나만의 목소리를 담아야 한다.

퍼스널 브랜딩 전문가 마이크 김

마이크 김(Mike Kim)은 개인의 전문성과 진정성을 기반으로 성공적인 브랜드를 구축하는 방법을 제시했다

(Kim, 2021).

그는 진정성이 브랜드의 핵심이라고 강조한다. 개인의 경험과 가치를 솔직하게 전달해 청중과의 깊은 연결을 유도하는 구체적인 방법으로 개인 이야기를 활용할 것을 주장한다. 그는 이와 같은 방법으로 스스로 브랜딩했고 그 경험을 공유하고 있다.

그는 블로그, 팟캐스트, 유튜브 등에서 지속적으로 가치 있는 콘텐츠를 제공한다. 콘텐츠는 퍼스널 브랜드의 기반으로 영감을 주는 주제를 다룬다. 모든 플랫폼에서 통일된 메시지를 유지하며 전문성과 접근성을 강조한다. 소셜 미디어, 강연, 저서에서 일관되게 개인 브랜드는 비즈니스 성공의 열쇠라는 철학을 전파하고 있다.

그는 미국의 어느 시골 교회 음악 감독에서 출발해 지금은 미국뿐만 아니라 세계적으로 영향력 있는 퍼스널 브랜딩 전문가로 리브랜딩을 했다. 그 중심에 소셜 미디어, 다양한 콘텐츠, 일관된 메시지 등이 있다.

마이크 김의 접근법은 단기적인 유명세보다 장기적인 신뢰와 영향력에 초점을 맞춘 점에서 차별화한다. "기억하라. 마케팅은 판매를 성사시키는 일이 아니다. 관계를 여는 일이다. 처음에는 그 일이 어색하겠지만, 자신의 스토리를 전달하다 보면 점점 편안해질 것이다"라고 했다. 스스로를 높게 평가하고 자신의 스토리로 고객의 문제를 해결해 비즈니스로 이어지는 성과를 보여 주는 사례다.

비즈니스 글쓰기와 커리어 분야 코치 윤영돈

글쓰기와 커리어 코치인 윤영돈은 전문서적 출간과 소셜 미디어 활동에서 성공적으로 퍼스널 브랜드를 구축했다. 채용 트렌드라는 키워드로 채용 관련 트렌드를 시리즈로 단행본을 매년 출간하고 있다(윤영돈, 2024).

그는 자신의 정체성을 명확하게 나타내기 위해 특정 슬로건과 태그를 적극적으로 활용했다. 초기에는 '비즈라이팅(BizWriting)'을 강조하며 비즈니스 글쓰기의 중요성을 알리는 커뮤니티를 운영했다. 이후 채용 트렌드 및 커리어 계발 분야로 확장하면서 '커리어 코칭(Career Coaching)'을 주요 태그로 활용했다.

그는 커리어 코칭을 자신의 브랜드 핵심 가치로 삼고, 기업 강의, 칼럼, 저술 등을 통해 지속적으로 전문가로 자리 잡았다. 다양한 서적을 저술하며 브랜드를 더욱 강화했다. 대표 저서로는 『30대, 당신의 로드맵을 그려라』(2004), 『글쓰기 신공 5W4H1T』(2017), 『기획서 마스터』(2021), 『책 잘 쓰는 법』(2022), 『채용 트렌드 2025』(2024) 등이 있다. 글쓰기, 강의, 코칭을 통해 자신의 전문성을 콘텐츠로 확산하며 브랜드를 강화했다. 단순한 스토리텔링이 아닌 자신의 경력을 계획적으로 관리하며 브랜드 아이덴티티를 확립했다.(구자룡, 2022)

윤영돈 코치는 글쓰기, 강의, 코칭이라는 세 가지 요소를 연결해 강력한 퍼스널 브랜드를 구축했다. 그의 성공 사례는 지속적인 콘텐츠 생산과 핵심 키워드 설정, 전문가 네트워크 활용, 체계적인 경력 관리가 퍼스널 브랜딩의 중요한 요소임을 보여 준다. 특히 퍼스널 브랜딩이 단순한 홍보가 아니라 장기 전략과 실행이 필요함을 잘 보여 주는 사례다.

생성형 AI와 퍼스널 브랜딩의 미래

생성형 AI는 앞으로 더욱 발전하며 퍼스널 브랜딩에 혁신적 변화를 가져올 것이다. 특히 AI 기반 음성 및 영상 생성 기술이 발전하면서, 개인 브랜드를 더욱 강력하게 구축할 기회가 많아질 것이다.

AI를 활용하면 누구나 쉽게 자신만의 브랜드를 구축할 수 있으며 창의적인 아이디어를 보다 효과적으로 실현할 수 있다. AI를 단순한 보조 도구가 아니라 나만의 브랜딩 파트너로 활용하는 것이 성공적인 퍼스널 브랜딩의 핵심이 될 것이다.

참고문헌

구자룡(2022). 『직장 없는 시대의 브랜딩』. 밀리의서재.

윤영돈(2024). 『채용 트렌드 2025』. 경향미디어.

Kim, M.(2021). *You Are The Brand: The 8-Step Blueprint to Showcase Your Unique Expertise and Build a Highly Profitable, Personally Fulfilling Business. Morgan James Publishing.* 이한이 옮김(2024). 『나다움으로 시작하는 퍼스널 브랜딩』. 현대지성.

Murati, M.(2024). https://www.youtube.com/watch?v=yUoj9B8OpR8&t=11s&ab_channel=DartmouthEngineering

Vaynerchuk, G.(2021). *Twelve and a Half: Leveraging the Emotional Ingredients Necessary for Business Success.* Harper Business. 우태영 옮김(2022). 『12 1/2 부와 성공을 부르는 12가지 원칙』. 천그루숲.

Vaynerchuk, G.(2022.11). LinkedIn. https://www.linkedin.com/in/garyvaynerchuk/

Vaynerchuk, G.(2023). Podcast. The GaryVee Audio Experience. https://garyvaynerchuk.com/podcast/

VaynerMedia. https://cleverism.com/company/vaynermedia/

03

퍼스널 브랜드의 목적 정의하기

퍼스널 브랜드 구축의 근본적인 목표는 장기적인 비전과 사명을 확립하는 데 있다. 브랜드 구축 초기 단계에서는 자신의 전문적 목표, 핵심 가치, 그리고 이를 통해 창출할 수 있는 가치를 체계적으로 정의해야 한다. '당신이 왜 퍼스널 브랜딩을 시작하려고 하는가'에 이유를 밝힐 수 있어야 한다. AI 기반 퍼스널 브랜딩 1단계는 목적 정의하기다.

AI와 난임 극복?

퍼스널 브랜드 목적 정의의 중요성

퍼스널 브랜딩은 단순히 자신을 알리는 활동이 아니라 자신만의 독특한 가치와 전문성을 시장에 효과적으로 전달하는 전략적 과정이다.

목적이 불분명한 브랜딩 활동은 일관성을 잃고 대중에게 혼란스러운 메시지를 전달할 위험이 있다. 반면 명확한 목적을 가진 퍼스널 브랜드는 모든 커뮤니케이션과 활동에 일관된 방향성을 제공한다.

명확한 방향성 설정의 필요성

퍼스널 브랜드의 목적을 정의할 때 다음과 같은 질문을 스스로에게 던져볼 필요가 있다.

- 나는 어떤 분야에서 전문성을 인정받고 싶은가?
- 내가 제공할 수 있는 독특한 가치는 무엇인가?
- 내 브랜드를 통해 어떤 변화를 만들고 싶은가?
- 5년, 10년 후 어떤 위치에 도달하고 싶은가?

이러한 질문에 대한 답변은 퍼스널 브랜드의 핵심 방향성을 설정하는 데 중요한 기초가 된다.

차별화 전략으로서 목적

현대사회에서는 거의 모든 분야가 포화 상태다. 이런 환경에서 자신만의 독특한 입지를 확보하기 위해서는 명확한 차별화 전략이 필수다. 퍼스널 브랜드의 목적은 이러한 차별화의 핵심 요소로 작용한다.

목적이 명확할수록 자신만의 독특한 관점과 접근 방식을 개발할 수 있으며 이는 경쟁이 치열한 시장에서 주목받을 수 있는 중요한 요소가 된다. 특히 자신의 가치관과 신념이 반영된 목적은 진정성 있는 브랜드 이미지를 구축하는 데 기여한다.

MVV로 퍼스널 브랜드 목적 정의

퍼스널 브랜드의 목적을 정의하는 과정에서, 기업 경영 전략에 사용되는 미션-비전-가치(MVV, Mission-Vision-Value) 프레임워크를 적용해 장기적 방향성을 설정하는 것이 효과적이다.

미션(Mission) 설정하기

미션은 '왜 존재하는가'에 대한 답변으로 퍼스널 브랜드의 존재 이유와 핵심 목표를 명확히 한다. 개인의 미션은 자신이 세상에 기여하고자 하는 가치와 직접적으로 연결된다.

미션은 브랜드가 실질적으로 제공하는 가치나 서비스, 또는 역할을 정의해야 한다. 이는 매일의 행동 지침으로 사용할 수 있는 것으로 보다 구체적이고 실천 가능한 방식으로 설정해야 한다. 미션은 문제 해결에 초점을 맞추며, 자신이 어떤 문제를 해결하고자 하는지 명확히 해야 한다.

효과적인 미션 설정을 위해 생성형 AI를 활용할 수 있다. 예를 들어, 챗GPT나 클로드와 같은 AI 도구에 자신의 경력, 전문성, 가치관 등에 관한 정보를 입력하고 다양한 미션 문구 초안을 생성하도록 요청할 수 있다. 이렇게 생성된 여러 버전의 미션 문구를 검토하고 수정해 자신만의 고유한 미션을 정립할 수 있다.

예를 들어 "하루 1개 블로그를 작성하겠다. 이 블로그 글을 통해 퍼스널 브랜딩을 마음먹은 사람들에게 인사이트(Insight)와 팁(Tip)을 제공하겠다" 또는 "나는 디지털 마케팅의 전문성을 바탕으로 해 중소기업들이 효과적인 온라인 전략을 수립해 지속 가능한 성장을 이룰 수 있도록 지원한다" 등과 같이 구체적인 미션을 설정할 수 있다.

비전(Vision) 구체화하기

비전은 '어디로 가고자 하는가'에 대한 장기적 목표와 이상적인 미래상을 의미한다. 퍼스널 브랜드의 비전은 자신이 궁극적으로 도달하고자 하는 위치와 영향력을 명확히 한다.

비저 수립 과정에서 생성형 AI를 활용해 미래 트렌드 분석과 시나리오 플래닝(Scenario planning)을 할 수 있다. 미드저니나 달리와 같은 이미지 생성 AI를 활용해 자신의 비전을 시각화하는 것도 효과적인 방법이다. 이렇게 생성된 시각적 자료는 비전 보드(Vision board)로 활용할 수 있으며 지속적인 동기 부여와 방향성 확인에 도움이 된다.

비전은 포지셔닝(Positioning)과도 연결되며 "전문성을 통해 사회에 긍정적인 영향을 미치는 ○○○으로 자리 잡겠다" 또는 "5년 내에 디지털 마케팅 분야에서 국내 TOP 10 인플루언서로 인정받으며, 500개 이상의 중소기업의 디지털 전환을 성공적으로 지원한다" 등과 같이 설정할 수 있다.

가치(Values) 정립하기

가치는 '어떻게 행동할 것인가'에 관한 것으로 퍼스널 브랜드의 핵심 원칙과 행동 지침을 제시한다. 가치는 브랜드의 일관성을 유지하고 의사결정의 기준이 되는 중요한 요소다.

가치는 브랜드의 핵심 원칙과 신념을 나타낸다. 자신의 가치관을 명확히 하고, 이를 브랜드에 반영해 진정성 있는 브랜드를 구축할 수 있다.

가치 정립 과정에서 생성형 AI를 활용해 자신의 성격, 경험, 신념 등을 분석하고 핵심 가치를 도출할 수 있다. AI는 방대한 데이터를 기반으로 다양한 가치 체계와 그 의미를 제시할 수 있어 자신에게 가장 적합한 가치를 선택하는 데 도움이 된다.

예를 들어 전문성, 투명성, 실용성, 공감을 퍼스널 브랜드 가치로 정립할 수 있다. 지속적인 학습과 최신 트렌드 연구를 통해 최고 수준의 전문성을 유지한다(전문성). 모든 프로젝트와 커뮤니케이션에서 정직하고 투명한 접근 방식을 취한다(투명성). 화려한 이론보다 실질적인 결과를 창출할 수 있는 전략과 솔루션을 제공한다(실용성). 클라이언트의 상황과 요구를 깊이 이해하고 맞춤형 해결책을 제시한다(공감).

생성형 AI를 활용한 퍼스널 브랜드 목적 정의

AI 기반 자기 분석 및 목적 도출

생성형 AI는 퍼스널 브랜드의 목적을 정의하는 과정에서 강력한 도구로 활용될 수 있다. 특히 자기 분석과 목적 도출 단계에서 AI의 객관적 관점과 데이터 기반 접근은 큰 도움이 된다.

챗GPT나 클로드와 같은 생성형 AI를 활용해 자신의 경력, 기술, 관심사, 가치관 등에 대한 심층적인 분석을 수행할 수 있다. 예를 들어, 다음과 같은 프롬프트를 활용할 수 있다.

[프롬프트]

다음은 나의 경력, 기술, 관심사, 가치관에 대한 정보다.

- 경력: [자신의 경력 정보 입력]
- 기술: [자신의 주요 기술과 역량 입력]
- 관심사: [자신의 주요 관심 분야 입력]
- 가치관: [자신이 중요하게 생각하는 가치 입력]

이 정보를 바탕으로 다음 사항을 분석해 줘.

1. 나의 핵심 강점과 차별화 요소
2. 이러한 강점을 활용할 수 있는 잠재적 시장 영역

3. 나의 전문성과 가치관을 반영한 퍼스널 브랜드 미션 제안
4. 장기적 비전 수립을 위한 방향성 제안

이러한 AI 기반 분석은 자신이 미처 인식하지 못했던 강점이나 기회를 발견하는 데 도움을 줄 수 있다. 또한 객관적인 관점에서 자신의 역량과 시장 기회를 연결하는 통찰을 제공할 수 있다.

예를 들어, ChatGPT-4o에서 위의 프롬프트에 맞춰 글쓴이를 예시로 요청했을 때 다음과 같은 답변을 받았다.

[프롬프트]

다음은 나의 경력, 기술, 관심사, 가치관에 대한 정보다.
- 경력: [브랜드 전공 경영학 박사, 프로모션 대행사에서 브랜딩 컨설팅 이사, 로컬 브랜딩 센터장, (저서) 『직장 없는 시대의 브랜딩』, 『AI 퍼스널 브랜딩』, 『AI 데이터 분석』]
- 기술: [브랜드 컨설팅, 데이터 분석, 사진작가, 글쓰기, 영상편집]
- 관심사: [로컬 기업 및 장소, 그리고 퍼스널 브랜드에 대한 브랜딩과 마케팅]
- 가치관: [브랜드와 데이터로 고객의 가치를 극대화한다]

이 정보를 바탕으로 다음 사항을 분석해 줘.

1. 나의 핵심 강점과 차별화 요소

2. 이러한 강점을 활용할 수 있는 잠재적 시장 영역

3. 나의 전문성과 가치관을 반영한 퍼스널 브랜드 미션 제안

4. 장기적 비전 수립을 위한 방향성 제안

[답변]

1. 작가님의 핵심 강점과 차별화 요소

- 브랜딩과 데이터의 융합 역량: 브랜드 컨설팅과 데이터 분석을 모두 다룰 수 있는 독보적인 강점이 있습니다. 일반적인 브랜드 전문가들은 감성과 창의력 중심이지만, 강사님은 데이터 기반의 전략적 접근이 가능합니다.

- 로컬과 퍼스널 브랜드에 대한 깊은 이해: 대기업 중심이 아닌 로컬 브랜드와 퍼스널 브랜드를 주요 연구 및 활동 대상으로 삼고 있다는 점에서 차별화됩니다. 이는 최신 트렌드인 마이크로 브랜드 전략과 맞닿아 있습니다.

- 콘텐츠 제작 능력(사진, 글쓰기, 영상 편집): 브랜드 전략뿐만 아니라 이를 직접 콘텐츠로 제작할 수 있는 능력이 있습니다. 이는 유튜브, 블로그, 강의, 출판 등 다양한 채널을 활용할 수 있는 큰 경쟁력이 됩니다.

- AI와 브랜딩을 접목한 경험: 『AI 퍼스널 브랜딩』과 『AI 데

이터 분석』 저술 경험을 바탕으로 생성형 AI를 활용한 브랜딩과 데이터 분석이라는 차별화된 영역을 개척하고 있습니다.

2. 작가님의 강점을 활용할 수 있는 잠재적 시장 영역
- 로컬 브랜드 및 소상공인 대상 컨설팅 및 교육: 지역 브랜드를 강화하고자 하는 지자체, 소상공인, 스타트업을 위한 로컬 브랜딩 컨설팅 및 강의 프로그램
- B2B 기업을 위한 AI 기반 브랜드 · 마케팅 전략 교육: 기업의 브랜드 및 마케팅 팀을 대상으로 AI를 활용한 데이터 기반 브랜드 전략 수립 워크숍
- 퍼스널 브랜딩 컨설팅 및 콘텐츠 제작 서비스: 프리랜서, 1인 창업자, 전문가 그룹을 대상으로 AI 기반 퍼스널 브랜딩 및 콘텐츠 전략 컨설팅
- 유튜브 및 온라인 강의 플랫폼을 활용한 콘텐츠 비즈니스: '로컬에 가치를 담다' 유튜브 채널 및 온라인 교육 플랫폼에서 AI, 데이터, 브랜딩 강의 콘텐츠 제공
- 출판 및 강연 사업 확장: AI, 데이터 분석, 브랜딩을 결합한 새로운 도서 및 강연 사업 전개

3. 작가님의 전문성과 가치관을 반영한 퍼스널 브랜드 미션 제안

- "데이터와 브랜드 전략을 융합해 로컬과 개인의 가치를 극대화한다"
(부가 설명: 단순한 마케팅이 아닌 데이터 기반의 인사이트를 활용해 로컬과 개인 브랜드의 성장을 돕는 것)

▶ 핵심 키워드:

브랜드 전략+데이터 분석+AI 활용

로컬 브랜드+퍼스널 브랜드

교육+컨설팅+콘텐츠 제작

4. 장기적 비전 수립을 위한 방향성 제안

1~3년 단기 목표

- '로컬에 가치를 담다' 유튜브 채널 및 온라인 강의 활성화
- AI 기반 브랜드 & 데이터 분석 교육 프로그램 개발
- 로컬 브랜드 및 퍼스널 브랜드 대상 컨설팅 비즈니스 구축
- AI & 브랜딩 관련 출판 및 강연 활동 확대

4~7년 중기 목표

- AI 기반 퍼스널 브랜드 및 로컬 브랜드 컨설팅 플랫폼 론칭
- 브랜드 & 데이터 융합 전문가 양성을 위한 교육기관 운영
- 국내 및 해외 브랜드 컨설팅 및 협업 프로젝트 진행

10년 이상 장기 목표

- 데이터 기반 브랜드 & 마케팅 전략의 표준을 만드는 영향력 있는 전문가로 자리매김
- AI 기반 브랜드 컨설팅 및 교육을 선도하는 기업 및 기관 설립
- 글로벌 브랜드 컨설팅 및 데이터 분석 연구 활동 확대

작가님의 강점과 현재 활동을 고려했을 때, 브랜드와 데이터를 결합한 AI 기반 컨설팅 및 교육 비즈니스는 매우 경쟁력 있는 방향입니다. 특히 로컬 브랜드 및 퍼스널 브랜딩이라는 틈새시장을 공략하는 것이 차별화 요소가 될 것입니다.

이상과 같이 생성형 AI를 활용해 나의 퍼스널 브랜드 목적을 일목요연하고 명확하게 정의할 수 있다. 이 결과를 그대로 사용할 수도 있고 좀 더 맞춤형으로 나에게 맞게 수정 및 보완해 보다 정교화할 수도 있다.

MVV 프레임워크 개발을 위한 AI 활용

미션-비전-가치(MVV) 프레임워크를 개발하는 과정에서도 생성형 AI를 효과적으로 활용할 수 있다. AI는 다양

한 표현 방식과 구조를 제안해 보다 명확하고 영향력 있는 MVV를 수립하는 데 도움을 준다. 예를 들어, 다음과 같은 프롬프트를 활용할 수 있다.

미션 개발을 위한 [프롬프트]

나는 [분야]의 전문가로, [주요 강점/역량]을 가지고 있으며 [목표 대상]에게 [제공하고자 하는 가치]를 전달하고자 한다. 이를 바탕으로 다음 요소를 포함하는 3가지 다른 버전의 미션 스테이트먼트(Statement, 설명문)를 작성해 줘.

1. **내가 해결하고자 하는 문제**
2. **나의 독특한 접근 방식**
3. **내가 창출하고자 하는 임팩트**

각 버전은 간결하면서 영감을 주는 형태로 작성해 줘.

비전 개발을 위한 [프롬프트]

향후 5~10년 내에 [분야]에서 이루고자 하는 나의 장기적 목표는 [목표 설명] 이다. 이를 바탕으로 다음 요소를 포함하는 영감을 주는 비전 스테이트먼트를 작성해 줘.

1. 내가 궁극적으로 달성하고자 하는 변화나 영향
2. 나의 브랜드가 대표하게 될 가치나 원칙
3. 미래의 이상적인 포지셔닝

가치 정립을 위한 [프롬프트]

나에게 중요한 가치와 원칙은 [가치 나열] 이다. 이를 바탕으로 나의 퍼스널 브랜드에 적합한 5가지 핵심 가치를 도출하고, 각 가치에 대한 간결한 설명과 이 가치가 어떻게 나의 행동과 결정에 반영될 수 있는지 예시를 제공해 줘.

이러한 AI 기반 접근은 MVV 프레임워크 개발 과정에서 다양한 관점과 표현 방식을 탐색할 수 있게 해 주며 보다 영감을 주고 명확한 프레임워크를 수립하는 데 도움을 준다.

타깃 고객 페르소나 개발과 메시지 최적화

퍼스널 브랜드의 목적을 효과적으로 정의하기 위해서는 타깃 고객에 대한 깊은 이해가 필요하다. 생성형 AI를 활용해 타깃 고객 페르소나(Persona)를 개발하고, 이들에게 최적화된 메시지를 구성할 수 있다.

타깃 고객 페르소나 개발을 위한 [프롬프트]

나의 퍼스널 브랜드는 [분야]에서 [제공하는 가치]를 통해 차별화 된다. 이러한 가치를 필요로 할 수 있는 3가지 다른 타깃 고객 페르소나를 개발해 줘. 각 페르소나에 대해 다음 정보를 포함해 줘.

1. 인구통계학적 정보(나이, 직업, 교육 수준 등)
2. 목표와 도전 과제
3. 정보 소비 습관과 선호하는 채널
4. 의사결정 과정과 고려 요소
5. 나의 브랜드가 이들에게 제공할 수 있는 고유한 가치

타깃 고객에 최적화된 메시지 개발을 위한 [프롬프트]

앞서 개발한 [특정 페르소나 이름] 페르소나를 위한 브랜드 메시지를 개발해 줘. 메시지는 다음 요소를 포함해야 해.

1. 이 페르소나가 직면한 주요 문제나 욕구
2. 내가 제공하는 독특한 해결책이나 가치
3. 이 페르소나의 언어와 관심사에 맞춘 표현 방식
4. 행동을 유도하는 명확한 다음 단계

이러한 AI 기반 접근은 다양한 타깃 고객 그룹에 대한 깊은 이해를 바탕으로 각 그룹에 맞춤화된 메시지를 개발하는 데 도움을 준다. 이는 퍼스널 브랜드의 목적을 보다 구체적이고 관련성 높게 정의하는 데 기여한다.

목적 중심의 퍼스널 브랜드 구축

퍼스널 브랜드의 목적을 명확히 정의하는 것은 성공적인 브랜드 구축의 기초다. 미션-비전-가치(MVV) 프레임워크를 활용해 장기적인 방향성을 설정하고, 타깃 고객과의 공감대를 형성하는 핵심 메시지를 구축해 차별화한 퍼스널 브랜드를 형성할 수 있다.

생성형 AI는 이러한 목적 정의 과정에서 강력한 도구로 활용할 수 있다. AI를 통한 객관적 자기 분석, MVV 프레임워크 개발, 타깃 고객 페르소나 구축 등은 보다 체계적이고 전략적인 퍼스널 브랜드 목적 정의를 가능하게 한다.

그러나 AI는 도구일 뿐, 퍼스널 브랜드의 진정한 목적은 개인의 고유한 가치, 열정, 전문성에서 비롯된다는 점을 기억해야 한다. AI의 분석과 제안을 바탕으로 하되, 최종 결정은 자신의 진정성과 열정을 반영해야 한다.

명확한 목적을 가진 퍼스널 브랜드는 일관된 메시지와 행동으로 신뢰를 구축하고, 장기적으로 지속 가능한 영향력을 형성할 수 있다. 퍼스널 브랜드의 목적은 단순한 자기 홍보를 넘어, 자신의 전문성과 가치로 타인에게 의미 있는 변화를 창출하는 데 있다.

따라서 퍼스널 브랜드의 목적을 정의할 때는 '내가 무

엇을 얻을 수 있는가'보다 '내가 어떤 가치를 제공할 수 있는가'에 초점을 두는 것이 중요하다. 이러한 가치 중심적 접근은 진정성 있고 지속 가능한 퍼스널 브랜드의 기초가 된다.

참고문헌

구자룡(2022). 『직장 없는 시대의 브랜딩』. 밀리의서재.

04
퍼스널 브랜드의 자산 검토하기

브랜드를 구축하기 위해 먼저 개인의 역량, 경험, 전문성, 네트워크, 온라인 자산 등을 분석해야 한다. 기존의 온라인 및 오프라인 자산 검토를 통해 개인의 전문성을 효과적으로 전달할 수 있는 최적의 브랜딩 요소를 도출해야 한다. '당신만의 특별한 역량과 가치는 무엇인가'의 답을 찾아야 한다. AI 기반 퍼스널 브랜딩 2단계는 자산 검토하기다.

AI와 사주?

퍼스널 브랜드 자산의 이해와 중요성

퍼스널 브랜드 자산이란 개인이 보유한 모든 유형 및 무형의 가치 요소를 의미한다. 이는 단순히 보유한 기술이나 지식뿐만 아니라 경험, 인맥, 평판, 온라인 존재감(Online presence: 개인이나 브랜드가 온라인에서 존재하는 정도), 콘텐츠 등 개인의 가치를 형성하는 모든 요소를 포함한다.

브랜드 전문가 데이비드 아커(David Aaker)는 브랜드 자산을 "브랜드 이름과 상징에 연결된 자산과 부채의 집합으로 제품이나 서비스의 가치를 증가시키거나 감소시키는 요소"로 정의했다(Aaker, 1991). 이 개념을 퍼스널 브랜딩에 적용하면, 개인의 이름과 정체성에 연결된 모든 요소가 퍼스널 브랜드 자산이 된다.

퍼스널 브랜드 자산은 개인의 시장 가치를 결정하는 핵심 요소로, 이를 체계적으로 파악하고 관리하는 것이 성공적인 퍼스널 브랜딩의 출발점이 된다.

퍼스널 브랜드 자산을 검토하는 과정은 자기 인식과 시장 포지셔닝(Positioning)의 기초가 된다. 자신이 보유한 자산을 명확히 파악해 차별화한 가치 제안을 개발하고, 효과적인 브랜딩 전략을 수립할 수 있다. 또한 자산 검토로 개발이 필요한 영역을 식별하고, 전략적인 자기 개발 계획을 수립할 수 있다.

매킨지(McKinsey)의 연구에 따르면, 명확한 자기 인식을 바탕으로 한 퍼스널 브랜딩은 경력 성장 속도를 최대 40% 가속화할 수 있다고 한다(McKinsey & Company, 2021). 이는 자산 검토가 단순한 자기 분석을 넘어 실질적인 경력 발전의 촉매제가 될 수 있음을 시사한다.

디지털 전환과 AI 기술의 발전으로 퍼스널 브랜드 자산의 개념과 범위가 확장되고 있다. 과거에는 학력, 경력, 인맥 등 전통적인 요소가 중심이었다면, 현재는 온라인 존재감, 디지털 콘텐츠 포트폴리오, 소셜 미디어 영향력 등이 중요한 자산으로 부상하고 있다. 예를 들어 '링크드인(LinkedIn)'의 온라인 프로필은 새로운 경력 기회를 찾는 데 강력한 영향을 미치고 있다. 온라인 존재감은 퍼스널 브랜딩을 위해 필수 요소가 되고 있다.

SWOT 분석을 통한 퍼스널 브랜드 자산 평가

강점(Strengths) 분석

강점 분석은 자신이 보유한 차별화된 역량, 기술, 경험, 특성 등을 식별하는 과정이다. 이는 퍼스널 브랜드의 핵심 가치 제안을 형성하는 기초가 된다.

생성형 AI를 활용한 강점 분석 방법으로는 생성형 AI에 자신의 이력서, 포트폴리오, 피드백 등을 입력하고 객관적인 강점 분석을 요청하면 된다. AI는 인간의 주관적 판단에서 벗어나 데이터 기반의 객관적 분석을 제공할 수 있다.

예를 들어, 마케팅 전문가 A씨는 챗GPT에 자신의 이력서와 과거 프로젝트 설명을 입력하고 강점 분석을 요청했다. AI는 A씨의 데이터 기반 의사결정 능력, 크로스 채널 마케팅 전략 수립 경험, 그리고 투자 대비 수익률(ROI, Return on Investment) 중심의 접근 방식이 현재 마케팅 트렌드에 부합하는 차별화된 강점임을 도출했다. 이를 바탕으로 A씨는 '데이터 기반 ROI 최적화 마케팅 전략가'라는 브랜드 포지셔닝을 개발할 수 있었다.

약점(Weaknesses) 분석

약점 분석은 개선이 필요한 영역이나 경쟁에서 불리하게 작용할 수 있는 요소를 식별하는 과정이다. 약점을 명확히 인식함으로써 전략적인 개발 계획을 수립하고, 브랜딩 과정에서 이를 보완하거나 최소화하는 전략을 마련할 수 있다.

생성형 AI를 활용한 약점 분석 방법으로는 AI에게 특정 분야나 역할에 필요한 역량과 자신의 현재 역량을 비교 분석하도록 요청하면 된다. 또한 AI를 활용해 업계 리더나 경쟁자의 프로필을 분석하고, 자신과의 격차를 식별할 수도 있다.

예를 들어, 프리랜서 디자이너 B씨는 AI 도구를 활용해서 자신의 포트폴리오와 상위 10% 디자이너들의 포트폴리오를 비교 분석했다. 분석 결과, B씨는 UI/UX 디자인 역량은 뛰어나지만 브랜드 아이덴티티 디자인 경험이 부족하다는 것을 발견했다. 이를 바탕으로 B씨는 브랜드 디자인 역량을 강화하기 위한 학습 계획을 수립하는 동시에 현재 자신의 강점인 UI(User Interface), UX(User Experience) 디자인에 집중하는 브랜딩 전략을 채택할 수 있었다.

기회(Opportunities) 분석

기회 분석은 퍼스널 브랜드 성장과 발전에 활용할 수 있는 외부 환경의 유리한 조건이나 트렌드를 식별하는 과정이다. 기회를 효과적으로 포착하고 활용해 브랜드의 영향력과 가치를 확장할 수 있다.

생성형 AI를 활용한 기회 분석 방법으로는 AI에게 특정 산업이나 분야의 최신 트렌드, 성장 영역, 미래 전망 등을 분석하도록 요청하면 된다. AI는 방대한 데이터를 기반으로 인간이 놓칠 수 있는 패턴이나 기회를 발견하는 데 도움을 줄 수 있다.

예를 들어 IT 컨설턴트 C씨는 AI 분석 도구를 활용해 향후 5년간 IT 산업의 주요 트렌드와 성장 영역을 분석했다. 분석 결과, 사이버 보안과 AI 윤리가 급성장하는 분야로 도출되었고, 특히 두 영역의 교차점에 대한 전문성이 부족한 상황임을 확인했다. C씨는 자신의 사이버 보안 배경을 활용해 'AI 윤리와 보안의 교차점'이라는 틈새 영역에 집중하는 브랜딩 전략을 수립할 수 있었다.

위협(Threats) 분석

위협 분석은 퍼스널 브랜드의 성장과 발전을 저해할 수 있는 외부 환경의 불리한 조건이나 변화를 식별하는 과정이다. 위협 요소를 미리 파악하고 대응 전략을 마련함으로써 브랜드의 회복탄력성을 강화할 수 있다.

생성형 AI를 활용한 위협 분석 방법으로는 AI에게 특정 분야의 위험 요소, 대체 기술, 경쟁 상황 등을 분석하도록 요청하면 된다. 또한 AI를 활용해 다양한 시나리오 플래닝(Planning)을 수행하고, 각 시나리오의 대응 전략을 개발할 수도 있다.

예를 들어 콘텐츠 크리에이터 D씨는 AI를 활용해 디지털 콘텐츠 시장의 위협 요소를 분석했다. 분석 결과, AI 생성 콘텐츠의 급속한 발전이 인간 크리에이터에게 가장 큰 위협으로 도출되었다. D씨는 이를 바탕으로 AI와 협업하는 '인간-AI 공동 창작' 접근 방식을 개발하고, 이를 자신의 차별화 요소로 브랜딩하는 전략을 채택할 수 있었다.

온라인·오프라인 자산 평가와 리브랜딩 전략

디지털 자산 평가

디지털 자산은 온라인에서 개인의 전문성과 가치를 보여 주는 모든 요소를 포함한다. 디지털 시대에서 이러한 자산은 퍼스널 브랜드의 핵심 구성 요소로, 체계적인 평가와 관리가 필요하다.

생성형 AI를 활용한 디지털 자산 평가 방법으로는 AI에게 자신의 온라인 프로필을 분석하고 개선점을 제안하도록 요청하면 된다. 또한 AI를 활용해 소셜 미디어 콘텐츠의 일관성과 브랜드 메시지 정렬 상태를 분석할 수도 있다.

예를 들어 경영 컨설턴트 E씨는 AI 콘텐츠 분석 도구를 활용해 자신의 링크드인 프로필과 게시물을 분석했다. 분석 결과, E씨의 콘텐츠는 '전략적 사고'와 '변화 관리'에 관한 주제에서 높은 참여율을 보였지만, 프로필 소개와 경력 설명에서는 이러한 강점이 충분히 강조되지 않고 있음이 확인되었다. E씨는 이를 바탕으로 프로필을 재구성하고, 핵심 강점을 중심으로 콘텐츠 전략을 조정할 수 있었다.

오프라인 자산 평가

디지털 전환이 가속화하는 시대에도 오프라인 자산은 여전히 퍼스널 브랜드의 중요한 구성 요소다. 특히 인간적 연결과 실제 경험을 중시하는 분야에서는 더욱 중요한 역할을 한다.

생성형 AI를 활용한 오프라인 자산 평가 방법으로는 AI에게 이력서나 포트폴리오를 분석하고, 특정 역할이나 목표에 맞는 강점과 개선점을 도출하도록 요청하면 된다. 또한 AI를 활용해 업계 표준이나 요구 사항과 자신의 자격을 비교 분석할 수도 있다.

예를 들어, 교육 컨설턴트 F씨는 AI 분석 도구를 활용해 자신의 이력서와 교육 분야 리더들의 이력을 비교 분석했다. 분석 결과, 교육 기술(EdTech) 경험은 풍부하지만, 교육 정책 관련 경험이 상대적으로 부족하다는 것을 발견했다. 이를 바탕으로 F씨는 교육 정책 관련 자격을 보완하는 동시에 에듀테크 전문가로서의 포지셔닝을 강화하는 전략을 수립할 수 있었다.

브랜드 일관성 평가

브랜드 일관성은 온라인과 오프라인 자산 전반에 걸쳐 일관된 메시지, 가치, 시각적 정체성을 유지하는 것을 의미한다. 일관된 브랜드 경험은 인지도와 신뢰도를 높이는 핵심 요소로, 모든 접점에서 통일된 인상을 제공하는 것이 중요하다.

생성형 AI를 활용한 브랜드 일관성 평가 방법으로는 AI에게 다양한 채널의 콘텐츠를 분석하고 일관성 점수를 산출하도록 요청하면 된다. 또한 AI를 활용해 브랜드 가이드라인을 개발하고, 이에 따른 콘텐츠 생성 및 검토를 자동화할 수도 있다.

예를 들어, 마케팅 전략가 G씨는 AI 브랜드 분석 도구를 활용해 자신의 소셜 미디어, 웹사이트, 발표 자료 등 모든 브랜드 접점의 일관성을 분석했다. 분석 결과, 플랫폼별로 사용하는 전문 용어와 강조점이 달라 혼란을 줄 수 있다는 점이 발견되었다. G씨는 이를 바탕으로 핵심 용어 사전을 개발하고, 모든 채널에서 일관된 언어를 사용하는 커뮤니케이션 전략을 수립할 수 있었다.

리브랜딩(Rebranding) 전략 수립

자산 검토 결과, 현재의 브랜드 이미지나 포지셔닝이 목표와 일치하지 않거나 효과적이지 않다고 판단될 경우 리브랜딩을 고려할 수 있다. 리브랜딩은 단순한 시각적 변화를 넘어 브랜드의 핵심 가치와 메시지를 재정립하는 전략적 과정이다.

생성형 AI를 활용한 리브랜딩 전략 수립 방법으로는 AI에게 다양한 리브랜딩 시나리오를 생성하고 각 시나리오의 장단점을 분석하도록 요청하면 된다. 또한 AI를 활용해 새로운 브랜드 요소(이름, 슬로건, 시각적 아이덴티티 등)를 개발하고 테스트할 수도 있다.

예를 들어 커리어 코치 H씨는 10년간 '직장인 스트레스 관리 전문가'로 활동해 왔으나, 최근 관심사가 '리더십 개발'로 변화했다. H씨는 AI 브랜딩 도구를 활용해 리브랜딩 전략을 수립했다. AI는 기존의 '웰빙' 관련 전문성을 유지하면서 '웰빙 중심의 리더십 개발'이라는 차별화된 포지셔닝을 제안했다. 또한 단계적 전환을 위해 초기에는 두 영역을 연결하는 콘텐츠(예: '리더의 웰빙이 조직 성과에 미치는 영향')에 집중하고, 점진적으로 리더십 콘텐츠의 비중을 높이는 전략을 수립할 수 있었다.

전략적 자산 관리를 통한 퍼스널 브랜드 강화

퍼스널 브랜드 자산의 체계적인 검토와 관리는 지속 가능한 브랜드 구축의 핵심이다. SWOT 분석으로 자신의 강점, 약점, 기회, 위협을 명확히 파악하고, 온라인과 오프라인 자산을 전략적으로 최적화해 차별화한 가치를 창출할 수 있다.

특히 생성형 AI는 자산 검토와 관리 과정에서 강력한 도구로 활용될 수 있다. AI를 활용한 객관적 분석, 트렌드 파악, 콘텐츠 최적화, 지속적 학습 등을 통해 보다 효율적이고 효과적인 퍼스널 브랜딩이 가능하다.

퍼스널 브랜드 자산 관리는 일회성 활동이 아닌 지속적인 과정임을 명심해야 한다. 시장 환경, 개인의 목표, 기술 트렌드 등이 변화함에 따라 자산을 정기적으로 재평가하고 조정하는 유연한 접근 방식이 필요하다.

참고문헌

구자룡(2022). 『직장 없는 시대의 브랜딩』. 밀리의서재.
Aaker, David A.(1991). *Managing Brand Equity.* Free Press.
이상민 옮김(2006). 『브랜드 자산의 전략적 경영』. 비즈니스북스.

McKinsey & Company(2021). Next in Personalization 2021 Report.

05
퍼스널 브랜드의 내러티브 구성하기

퍼스널 브랜드의 핵심 내러티브는 단순한 자기소개가 아니라 개인의 가치관과 차별성을 반영하는 강력한 스토리텔링 구조를 가져야 한다. 이를 통해 브랜드의 일관성을 유지하면서도 감성적 공감을 불러일으킬 수 있다. '당신의 이야기는 어떻게 사람들의 마음을 움직일 수 있을까'에 답할 수 있어야 한다. AI 기반 퍼스널 브랜딩 3단계는 내러티브 구성하기다.

AI와 아이돌?

퍼스널 브랜드 내러티브의 중요성과 구성 원리

내러티브가 퍼스널 브랜드에 미치는 영향

퍼스널 브랜드 내러티브(Narrative)는 단순히 자신의 이력이나 성과를 나열하는 것이 아니라 자신만의 고유한 이야기를 통해 타인과 차별화하는 정체성을 구축하는 과정이다.

인류는 그 옛날 모닥불 주위에 둘러앉아 이야기를 나누며 생존에 필요한 이야기를 입으로 전달했다. 오늘날에도 이러한 스토리텔링의 본질은 변하지 않았으며, 퍼스널 브랜딩에 있어 핵심적인 요소로 작용한다.

효과적인 내러티브는 청중의 감정을 자극하고, 공감을 이끌어내며, 기억에 오래 남는 특성을 가진다. 스탠퍼드대학교(Stanford University)의 제니퍼 아커(Jennifer Aaker)는 "스토리는 사실만 기억할 때보다 최대 22배 더 기억됩니다"라고 한 동영상에서 언급했다(Aaker, 2019). 다만 22배 더 기억에 남는 통계에 대한 구체적인 언급은 없다. 하지만 스토리가 더 기억에 남는다는 것을 증명한 연구도 있다. 칩 히스와 댄 히스(Chip Heath & Dan Heath)는 스탠퍼드대 학생들을 대상으로 실험을 실시했다. 학생들은 비폭력 범죄가 심각한 문제인지 아닌지 1분 연설을 준비하도록 요청받았다(찬성 반, 반대 반). 평규적으로 학생들은 1분 연설에서 2.5개의 통계를 사용했다. 10분 후에 프레젠테이션 내용을 기억해 내려고 했을 때 청중의 5%만이 개별 통계를 기억해 낼 수 있었지만, 청중의 63%는 스토리 전체를 기억해 낼 수 있었다(Heath & Heath, 2007). 이 경우 스토리는 통계보다 약 12~13배 더 기억에 남는다는 뜻이다. 프레젠테이션에 스토리를 포함하면 더 기억하기 쉽고, 스토리를 활용해 무언가를 기억하는 것은 강력한 기술이라는 것은 분명하다.

효과적인 내러티브의 구성 원리

효과적인 퍼스널 브랜드 내러티브를 구성하기 위해서는 다음과 같은 원리를 고려해야 한다.

- 진정성: 내러티브는 자신의 실제 경험과 가치관에 기반을 두어야 한다. 실체가 없는 브랜드는 오래가지 못한다. 허구의 이야기나 과장된 성과는 결국 신뢰를 잃게 만든다.
- 일관성: 다양한 채널과 상황에서 일관된 메시지를 전달해야 한다. 이는 브랜드의 정체성을 강화하고 혼란을 방지한다.

- 차별성: 내러티브는 자신만의 독특한 관점과 경험을 포함해야 한다. 자신만의 고유한 관점과 접근 방식을 강조하는 것이 중요하다.
- 공감성: 청중의 필요와 관심사를 이해하고 이에 공감하는 내러티브를 구성해야 한다. 공감은 강력한 연결을 만들어 낸다.
- 진화성: 내러티브는 고정된 것이 아니라 경험과 성장에 따라 지속적으로 발전해야 한다. 이는 브랜드의 생명력을 유지하는 데 필수다.

과거-현재-미래 프레임워크로 내러티브 구성

과거: 출발점과 여정의 시작

퍼스널 브랜드 내러티브의 첫 번째 요소는 '과거'로, 자신의 출발점과 여정의 시작을 담는다. 이는 단순한 이력 나열이 아니라 자신의 가치관과 정체성이 형성된 배경을 설명하는 부분이다. 과거 내러티브를 구성할 때 고려해야 할 요소는 다음과 같다.

- 결정적 순간: 자신의 진로나 가치관에 큰 영향을 미친 사건이나 경험
- 도전과 극복: 직면했던 어려움과 이를 극복한 과정

• 영감의 원천: 자신에게 영향을 준 멘토, 롤모델, 또는 사건

생성형 AI를 활용해 과거 내러티브를 구성하는 방법으로는 AI 도구에 자신의 주요 경험과 전환점을 입력하고, 이를 스토리텔링 형식으로 재구성해 달라고 요청할 수 있다.

[프롬프트]

다음 경험들을 바탕으로 나의 전문 분야에 입문하게 된 스토리를 구성해 줘.

- 대학 시절 마케팅 수업에서 브랜딩 프로젝트로 상을 받은 경험
- 첫 직장에서 실패했던 제품 출시 경험
- 독립 컨설턴트로 전환하게 된 계기

이렇게 생성된 내러티브를 기반으로 자신만의 고유한 목소리와 스타일을 반영해 최종 내러티브를 완성할 수 있다.

현재: 핵심 역량과 전문 활동

내러티브의 두 번째 요소는 '현재'로, 자신의 핵심 역량과 현재 수행하고 있는 전문 활동을 담는다. 이 부분은 자신이 제공할 수 있는 가치와 차별화 요소를 명확히 전달해야 한다. 현재 내러티브를 구성할 때 고려해야 할 요소는 다음과 같다.

- 핵심 전문성: 자신이 가진 주요 기술과 지식 영역
- 독특한 접근 방식: 문제를 해결하는 자신만의 방법론
- 성과와 영향력: 구체적인 성과와 이를 통해 만들어 낸 변화

생성형 AI를 활용해 현재 내러티브를 강화하는 방법으로 자신의 전문 분야와 관련된 최신 트렌드와 키워드를 분석하고, 이를 자신의 내러티브에 통합하는 것이다.

[프롬프트]

디지털 마케팅 분야의 최신 트렌드와 키워드를 분석하고, 이를 나의 전문성(소셜 미디어 마케팅, 콘텐츠 전략, 데이터 분석)과 연결하는 방법을 제안해 줘.

이러한 분석을 통해 자신의 현재 역량을 시장의 필요와 연결시키는 내러티브를 구성할 수 있다.

미래: 비전과 목표 설정

내러티브의 세 번째 요소는 '미래'로, 자신이 추구하는 비전과 장기적 목표를 담는다. 이 부분은 자신의 성장 방향성과 잠재 고객이나 협력자에게 제공할 수 있는 미래 가치를 전달한다. 미래 내러티브를 구성할 때 고려해야 할 요소는 다음과 같다.

- 장기적 비전: 궁극적으로 달성하고자 하는 목표
- 가치 제안: 앞으로 제공하고자 하는 고유한 가치
- 성장 계획: 자신의 전문성과 영향력을 확장하기 위한 구체적인 계획

생성형 AI를 활용해 미래 내러티브를 개발하는 방법으로는 미래 시나리오 분석과 비전 설정을 지원받는 것이다.

[프롬프트]

내 분야(디지털 마케팅)의 향후 5년간 예상되는 변화와 기

회를 분석하고, 이를 바탕으로 나의 전문성을 발전시킬 수 있는 3가지 방향성을 제안해 줘.

이러한 분석을 통해 미래 지향적이면서도 현실적인 비전을 내러티브에 통합할 수 있다.

사례 기반 접근법을 통한 내러티브 강화

성공 사례 구성의 원칙

퍼스널 브랜드 내러티브를 강화하는 효과적인 방법 중 하나는 사례 기반 접근법(Case-based Approach)이다. 이는 자신의 실제 경험과 성과를 구체적인 사례로 구성해 내러티브의 신뢰성과 설득력을 높이는 방법이다. 성공 사례를 구성할 때 고려해야 할 원칙은 다음과 같다.

- 구체성: 추상적인 설명보다 구체적인 상황, 문제, 해결 과정을 포함해야 한다.
- 결과 중심: 자신의 기여가 가져온 구체적인 결과와 영향을 명확히 제시해야 한다.
- 스토리텔링 구조: 문제-해결-결과의 명확한 구조를 가져야 한다.

생성형 AI를 활용한 사례 구성 및 최적화

생성형 AI는 사례 구성과 최적화에 다양한 방식으로 활용될 수 있다.

(1) 사례 구조화

기본적인 사례 정보를 입력하면, AI가 효과적인 스토리텔링 구조로 재구성해 준다.

[프롬프트]

다음 프로젝트 정보를 STAR(Situation, Task, Action, Result) **형식의 사례 스토리로 재구성해 줘.**

- **프로젝트명: 소셜 미디어 캠페인**
- **문제상황**(S): **시장 인지도 부족**
- **내 역할**(T): **캠페인 전략 수립 및 실행**
- **주요 활동**(A): **콘텐츠 개발, 인플루언서 협업**
- **결과**(R): 6**개월 내 매출** 35% **증가**

(2) 청중 맞춤형 사례 최적화

특정 청중이나 상황에 맞게 사례를 조정할 수 있다.

[프롬프트]

위의 소셜 미디어 캠페인 사례를 다음 세 가지 상황에 맞게 각각 최적화해 줘.

- 취업 면접에서 소개할 때
- 잠재 고객과의 첫 미팅에서 소개할 때
- 업계 콘퍼런스 발표에서 소개할 때

(3) 사례 시각화 지원

사례를 시각 요소로 변환하는 아이디어를 제공한다.

[프롬프트]

위 소셜 미디어 캠페인 사례를 인포그래픽으로 표현하기 위한 5가지 핵심 요소와 시각화 아이디어를 제안해 줘.

내러티브와 사례의 통합적 관리

효과적인 퍼스널 브랜드를 위해서는 내러티브와 사례를 통합적으로 관리하는 것이 중요하다. 이는 다양한 상황과 플랫폼에서 일관된 메시지를 전달하면서도 각 상황에 적합한 사례를 유연하게 활용할 수 있게 해 준다. 통합적 관리를 위한 방법은 다음과 같다.

- 사례 라이브러리 구축: 다양한 상황과 목적에 맞는 사례들을 체계적으로 정리하고 관리한다.
- 상황별 내러티브 버전 개발: 주요 타깃 청중이나 상황에 맞춘 내러티브 버전을 준비한다.
- 정기적 업데이트: 새로운 경험과 성과를 반영해 내러티브와 사례를 지속적으로 업데이트한다.

생성형 AI를 활용해 통합적으로 관리할 수 있다. 다음과 같이 프롬프트에 요청하면 된다.

[프롬프트]

다음 정보를 바탕으로 나의 퍼스널 브랜드 내러티브와 사례를 관리하기 위한 시스템을 설계해 줘.

- 주요 전문 분야: 디지털 마케팅, 브랜드 전략, 콘텐츠 제작
- 주요 타깃 청중: 스타트업 창업자, 기업 마케팅 담당자, 잠재적 협업 파트너
- 주요 커뮤니케이션 채널: 링크드인, 개인 블로그, 업계 콘퍼런스
- 보유 사례: 10개의 주요 프로젝트 성공 사례

이러한 시스템으로 자신의 내러티브와 사례를 효율적

으로 관리하고, 다양한 상황에 맞게 최적화할 수 있다.

효과적인 퍼스널 브랜드 내러티브의 힘

퍼스널 브랜드의 내러티브는 단순한 자기소개나 이력서를 넘어 자신의 가치와 차별성을 효과적으로 전달하는 강력한 도구다. 과거-현재-미래를 아우르는 체계적인 프레임워크와 사례 기반 접근법을 통해 구성된 내러티브는 고객과의 감성적 연결을 형성하고 신뢰를 구축한다.

생성형 AI는 내러티브 구성, 최적화, 맞춤화의 전 과정에서 강력한 조력자 역할을 할 수 있다. 다만, AI는 도구일 뿐 진정성 있는 내러티브의 핵심은 결국 자신의 고유한 경험과 가치에서 비롯된다는 점을 명심해야 한다.

효과적인 퍼스널 브랜드 내러티브는 단순히 과거의 성과를 나열하는 것이 아니라 자신의 여정과 성장, 그리고 미래에 대한 비전을 통합적으로 보여줌으로써 고객과 깊은 공감대를 형성하고 장기적인 관계를 구축하는 기반이 된다. 이는 궁극적으로 퍼스널 브랜드의 가치와 영향력을 높이는 핵심 요소로 작용할 것이다.

참고문헌

구자룡(2022). 『직장 없는 시대의 브랜딩』. 밀리의서재.

Aaker, J.(2019). Harnessing the Power of Stories.
https://womensleadership.stanford.edu/node/796/harnessing-power-stories

Heath, C. & Heath, D.(2007). *Made to Stick: Why Some Ideas Survive and Others Die.* Arrow Books. 안진환 · 박슬라 옮김(2022). 『스틱!』. 웅진지식하우스.

06
퍼스널 브랜드 정교화하기

퍼스널 브랜드의 정교화 과정에서는 개인이 타깃 고객에게 어떻게 인식되고 있는지를 객관적으로 분석해야 한다. 브랜드의 시각적 요소, 커뮤니케이션 스타일, 메시지의 일관성을 유지하며 이를 통해 강력한 브랜드 아이덴티티를 구축해야 한다. '어떻게 당신의 브랜드를 더 선명하게 만들 수 있을까'에 정교화할 수 있어야 한다. AI 기반 퍼스널 브랜딩 4단계는 정교화하기다.

AI와 야구?

퍼스널 브랜드 인식 분석과 정체성 강화

객관적 브랜드 인식 분석의 중요성

퍼스널 브랜드를 정교화하는 첫 단계는 현재 타깃 고객들이 나의 브랜드를 어떻게 인식하고 있는지 객관적으로 분석하는 것이다. 자신이 생각하는 브랜드 이미지와 실제 고객이 인식하는 이미지 사이에는 종종 괴리가 존재한다. 이 차이를 정확히 파악하고 조정해야 효과적인 브랜드 정교화가 가능하다.

필자는 "고객이 경험으로 얻은 외부 평판과 내가 정의하는 내부 평판을 비교해 그 차이를 분석하고 전략적으로 관리할 필요가 있다"고 언급했다(구자룡, 2022). 이처럼 내가 생각하는 나와 타인이 생각하는 나 사이의 간극을 파악하는 것이 브랜드 정교화의 출발점이다.

퍼스널 브랜드 인식 분석을 위해 다음과 같은 방법을 활용할 수 있다.

- 직접적 피드백 수집: 고객, 동료, 멘토 등 다양한 이해관계자로부터 솔직한 피드백을 수집한다.
- 소셜 리스닝(Social Listening): 소셜 미디어에서 자신의 이름이나 관련 키워드가 언급될 때 그 맥락과 감정을 분석한다.

- 설문 조사: 타깃 고객층을 대상으로 브랜드 인식에 관한 구조화된 설문 조사를 실시한다.
- 경쟁 분석: 유사한 분야의 전문가들과 비교 분석으로 자신의 위치를 파악한다.

브랜드 아이덴티티 요소의 일관성 유지

퍼스널 브랜드의 정교화는 브랜드 아이덴티티 요소들의 일관성을 유지하는 것에서 시작한다. 브랜드 아이덴티티는 시각적 요소, 커뮤니케이션 스타일, 핵심 메시지 등 다양한 요소로 구성된다.

시각적 요소는 로고, 컬러 팔레트, 폰트, 사진 스타일 등을 포함한다. 이러한 요소들은 모든 접점에서 일관되게 적용되어야 한다. 예를 들어, 링크드인 프로필 사진, 웹사이트, 명함, 발표 자료 등에서 동일한 시각적 언어를 사용해야 한다.

커뮤니케이션 스타일은 어조, 언어 사용, 스토리텔링 방식 등을 포함한다. 자신만의 독특한 커뮤니케이션 스타일을 개발하고 이를 모든 채널에서 일관되게 유지하는 것이 중요하다. 이는 브랜드의 진정성과 신뢰성을 강화하는 데 핵심적인 역할을 한다.

핵심 메시지는 자신의 가치 제안, 전문성, 차별화 포

인트를 명확하게 전달하는 내용이다. 이 메시지는 간결하고 기억하기 쉬우며, 타깃 고객의 니즈와 직접적으로 연결되어야 한다.

예를 들어, 브랜드 전문가인 김상률은 "센스 크리에이터(Sense Creator)"라는 독특한 타이틀로 자신만의 브랜드 아이덴티티를 차별화했다. 그는 『브랜드 네이밍』(2007), 『브랜드 개발 전략론』(2009), 『다르게 보는 눈』(2020), 『브랜드 여행』(2020) 등의 브랜드 관련 전문서적을 저술했다. 또한 인천 영종도에 있는 120년 된 교회 건물을 업사이클링해 복합 문화 공간 '메이드림(MADE 林)'으로 재탄생시키고 영종도의 핫플레이스로 키웠다. 기획에서부터 네이밍, 공간 디자인, 그리고 경영자로 직접 운영을 맡아 공간 브랜딩이라는 새로운 영역을 개척했다. 그는 브랜드 네이밍과 공간 브랜딩이라는 특화된 영역에서 일관된 메시지와 시각적 요소를 유지해 강력한 퍼스널 브랜드를 구축했다(구자룡, 2022).

데이터 기반 브랜드 정교화 전략

정량적 브랜드 평가 방법론

퍼스널 브랜드의 효과를 객관적으로 평가하기 위해서는 데이터 기반 접근법이 필수다. 정량적 지표로 브랜드 성과를 측정하고, 이를 바탕으로 전략을 조정할 수 있다.

소셜 미디어 분석은 팔로어 수, 참여율(좋아요, 댓글, 공유 등), 도달률, 인상 등의 지표를 포함한다. 이러한 지표들은 브랜드의 온라인 영향력과 참여도를 측정하는 데 유용하다. 특히 참여율은 단순한 노출보다 브랜드와의 실질적인 상호작용을 나타내므로 더 중요한 지표로 간주된다.

웹사이트 트래픽 분석은 방문자 수, 페이지뷰, 체류 시간, 이탈률, 전환율 등을 포함한다. 이러한 지표들은 콘텐츠의 효과성과 방문자의 관심도를 평가하는 데 도움이 된다. 구글 애널리틱스와 같은 도구를 활용해 이러한 데이터를 수집하고 분석할 수 있다.

검색 엔진 최적화(SEO, Search Engine Optimization) 성과는 키워드 순위, 유기적 검색 트래픽, 백링크 수 등을 포함한다. 이러한 지표들은 온라인 가시성과 권위를 평가하는 데 중요하다.

생성형 AI를 활용한 브랜드 분석도 가능하다. 예를 들어, AI를 활용해 다음과 같은 분석을 수행할 수 있다.

[프롬프트]

내 소셜 미디어 게시물의 참여율 데이터를 분석해 가장 반

응이 좋은 콘텐츠 유형과 주제를 파악해 줘. 데이터는 다음 과 같아. [데이터 입력]

이러한 분석을 통해 어떤 유형의 콘텐츠가 타깃 고객에게 가장 큰 반향을 일으키는지 파악하고, 이를 바탕으로 콘텐츠 전략을 조정할 수 있다.

온라인 평판 모니터링과 관리

퍼스널 브랜드의 온라인 평판은 지속적으로 모니터링하고 관리해야 하는 중요한 자산이다. 온라인 평판은 검색 결과, 소셜 미디어 언급, 리뷰, 포럼 등 다양한 채널을 통해 형성된다.

구글 알림(Google Alerts)과 같은 도구를 설정해 자신의 이름이나 브랜드가 온라인에서 언급될 때마다 알림을 받을 수 있다. 이를 통해 긍정적인 언급에는 감사를 표하고, 부정적인 언급에는 적절히 대응할 수 있다.

훗스위트(Hootsuite), 버퍼(Buffer), 소셜인사이트(SocialInsight) 등과 같은 소셜 미디어 모니터링 도구를 활용해 자신의 브랜드와 관련된 대화를 실시간으로 추적할 수 있다. 이러한 도구들은 브랜드 언급의 감정 분석(긍정, 중립, 부정)도 제공해 전반적인 브랜드 인식을 파악하는 데 도움을 준다.

데이터 인사이트를 활용한 브랜드 조정

데이터 분석을 통해 얻은 인사이트는 퍼스널 브랜드를 정교화하는 데 직접 활용할 수 있다. 이는 브랜드의 강점을 강화하고 약점을 보완하는 전략적 접근을 가능하게 한다.

콘텐츠 전략 최적화는 데이터 분석으로 가장 효과적인 콘텐츠 유형, 주제, 발행 시간 등을 파악하고 이를 바탕으로 콘텐츠 전략을 조정하는 것이다. 예를 들어, 데이터 분석 결과, 사례 연구 형태의 콘텐츠가 가장 높은 참여율을 보인다면, 이러한 형태의 콘텐츠를 더 많이 제작할 수 있다.

타깃 고객 세분화는 데이터를 바탕으로 가장 반응이 좋은 고객 세그먼트를 파악하고, 이들에게 더 집중하는 전략이다. 예를 들어, 링크드인 분석 결과 특정 산업의 중간 관리자들이 가장 높은 참여율을 보인다면, 이들을 위한 맞춤형 콘텐츠를 더 많이 제작할 수 있다.

데이터를 바탕으로 가장 효과적인 메시지 전달 방식을 파악하고 이를 위해 메시지 프레이밍(Message framing, 동일한 메시지를 표현할 때 메시지 표현 형식을 달리하는 것)을 조정할 수 있다. 예를 들어, 문제 해결 중심의 메시지가 영감 중심의 메시지보다 더 높은 반응을 얻는다면, 메시지 프레이밍을 조정할 수 있다.

브랜드 정체성 강화를 위한 전략적 활동

전문성 강화를 위한 지속적 학습과 발표

퍼스널 브랜드의 핵심은 전문성이다. 지속적인 학습과 지식 공유를 통해 자신의 전문성을 강화하고 이를 타깃 고객에게 효과적으로 전달해야 한다.

지속적인 전문 교육은 자신의 분야에서 최신 트렌드와 지식을 습득하는 것이다. 온라인 코스, 워크숍, 콘퍼런스, 전문 서적 등 다양한 채널을 통해 지속적으로 학습해야 한다. 특히 빠르게 변화하는 분야는 지속적인 학습이 더욱 중요하다.

자격증 및 인증 취득은 자신의 전문성을 공식적으로 인정받는 방법이다. 관련 분야의 권위 있는 자격증이나 인증을 취득하면 전문성에 대한 신뢰를 높일 수 있다.

연구 및 칼럼 발표, 그리고 단행본 출간은 자신의 전문 지식을 체계화하고 이를 공유하는 활동이다. 자신의 분야에서 가치 있는 인사이트를 담은 연구나 칼럼, 저서는 전문가로서 위상을 강화할 수 있다.

전략적 네트워킹과 협업 구축

퍼스널 브랜드 정교화에서 전략적 네트워킹과 협업은 매우 중요한 요소다. 이는 브랜드의 영향력과 도달 범위를 확장하는 데 핵심 역할을 한다.

업계 리더 및 인플루언서와의 관계 구축은 자신의 브랜드 가치를 높이는 효과적인 방법이다. 관련 분야의 리더들과 의미 있는 관계를 구축해 그들의 네트워크와 영향력을 활용할 수 있다. 이를 위해 업계 이벤트에 적극적으로 참여하고, 소셜 미디어에서 의미 있는 상호작용을 하며 직접 연락을 통해 관계를 발전시킬 수 있다.

전략적 협업 프로젝트는 상호 보완적인 전문성을 가진 전문가들과 함께 가치 있는 프로젝트를 진행하는 것이다. 예를 들어, 디자인 전문가와 함께 브랜드 아이덴티티를 개발하거나 콘텐츠 전문가와 함께 콘텐츠 시리즈를 제작하는 등의 협업을 통해 새로운 가치를 창출할 수 있다. 이런 전략적 협업은 자신의 브랜드 영향력을 확장하고, 새로운 고객층에 접근할 기회를 제공한다.

전문가 네트워크 구축과 활용

퍼스널브랜드의 성장을 위해서는 동종 업계 및 관련 분야의 전문가들과 네트워크를 구축하는 것이 중요하다.

이는 단순한 인맥 관리를 넘어 상호 성장을 위한 생태계를 만드는 과정이다.

전문가 네트워크 구축을 위한 방법으로는 업계 콘퍼런스나 세미나에 참석해 적극 교류하고, 온라인 전문가 커뮤니티에 참여해 지식을 공유하며 멘토링이나 코칭 관계를 형성하는 등의 활동이 있다. 이렇게 구축된 네트워크는 지식 교환, 협업 기회 창출, 추천과 소개를 통한 비즈니스 확장 등 다양한 방식으로 브랜드 강화에 기여한다.

생성형 AI를 활용한 네트워크 구축 방법으로는 AI에게 특정 분야의 영향력 있는 전문가들을 분석하고 접근 전략을 수립하도록 요청하는 것이다. 또한 AI를 활용해 네트워킹 이벤트 참석 전 참가자 정보를 분석하고 대화 주제를 준비할 수도 있다.

예를 들어, 디지털 마케팅 전문가 N씨는 AI를 활용해 참석 예정인 업계 콘퍼런스의 연사와 주요 참가자들의 최근 활동, 관심사, 발표 내용 등을 분석했다. 이를 바탕으로 각 전문가와의 대화 포인트를 준비하고, 자신의 전문성을 효과적으로 보여 줄 수 있는 질문과 의견을 미리 구성했다. 콘퍼런스에서 이러한 준비를 바탕으로 한 의미 있는 대화를 통해 N씨는 여러 업계 리더들과 연결되었고, 이후 협업 프로젝트로 이어지는 성과를 거두었다.

전략적 활동을 통한 퍼스널 브랜드 강화

퍼스널 브랜드의 정체성 강화는 단순한 홍보나 마케팅 활동을 넘어 전략적인 활동의 지속적인 실천으로 이루어진다. 전문성 강화를 위한 지속적인 학습과 발표, 전략적 네트워킹과 협업 구축은 퍼스널 브랜드의 가치를 높이는 핵심 요소다.

특히 생성형 AI 시대에는 AI를 활용해 이러한 활동을 더욱 효율적이고 효과적으로 수행할 수 있다. AI를 통한 트렌드 분석, 콘텐츠 개발, 네트워크 구축 전략 수립 등은 퍼스널 브랜드의 성장을 가속화하는 강력한 도구가 될 수 있다.

퍼스널 브랜드 정체성 강화는 일회성 이벤트가 아닌 지속적인 여정이다. 자신의 전문성과 가치를 끊임없이 발전시키고, 이를 효과적으로 소통하며 의미 있는 관계를 구축해 나가는 과정에서 진정한 브랜드 가치가 형성된다.

참고문헌

구자룡(2022). 『직장 없는 시대의 브랜딩』. 밀리의서재.

Buffer. https://buffer.com/
Hootsuite. https://www.hootsuite.com/
SocialInsight. https://socialinsight.io/

07
퍼스널 브랜드 커뮤니케이션하기

브랜드의 효과적인 커뮤니케이션을 위해 디지털이나 오프라인 채널 전략을 수립해야 한다. 미디어 매트릭스를 활용해 각 채널의 특성에 맞는 콘텐츠 전략을 구체적으로 계획해야 한다. 브랜드 메시지 전달을 위해 콘텐츠 마케팅 기법을 적용해야 한다. '당신의 메시지를 어떻게 효과적으로 전달할 수 있을까'에 실행 방법을 구체화해야 한다. AI 기반 퍼스널 브랜딩 5단계는 커뮤니케이션하기다.

AI와 윤동주?

전략적 미디어 매트릭스 구축하기

디지털과 오프라인 채널의 통합 전략

퍼스널 브랜드를 효과적으로 커뮤니케이션하기 위해서는 디지털과 오프라인 채널을 통합적으로 활용하는 전략이 필요하다.

퍼스널 브랜딩에서는 비용을 지불하고 하는 매체인 페이드 미디어(Paid media), 고객이 자발적으로 게시해 주는 매체인 언드 미디어(Earned media), 자체적으로 소유하고 있는 매체인 온드 미디어(Owned media)를 적절히 조합하는 것이 중요하다. 특히 비용이 많이 드는 페이드 미디어보다는 자신이 직접 소유하고 운영할 수 있는 온드 미디어를 중심으로 전략을 수립하는 것이 효과적이다.

미디어 매트릭스(Media Matrix)는 다양한 커뮤니케이션 채널을 체계적으로 분류하고 각 채널의 특성, 도달 범위, 효과 등을 분석해 최적의 조합을 찾는 방법이다. 이를 통해 타깃 고객에게 가장 효과적으로 메시지를 전달할 수 있는 채널 포트폴리오를 구성할 수 있다.

디지털 채널로는 소셜 미디어(링크드인, 인스타그램, 페이스북, 트위터 등), 블로그(네이버, 브런치, 티스토리 등), 웹사이트, 이메일 뉴스레터, 팟캐스트, 유튜브 등이 있다. 오프라인 채널로는 콘퍼런스 발표, 네트워킹 이벤트, 워크숍, 세미나, 전문지 기고, 저서 출간 등이 있다. 각 채널은 고유한 특성과 장단점을 가지고 있으므로 자신의 퍼스널 브랜드 목표와 타깃 고객에 맞게 선택해야 한다.

채널별 특성 분석과 우선순위 설정

효과적인 미디어 매트릭스를 구축하기 위해서는 각 채널의 특성을 정확히 이해하고 자신의 브랜드 목표에 맞는 우선순위를 설정해야 한다. 다음은 주요 채널별 특성과 활용 방안이다.

- 링크드인: 전문성과 경력을 강조하기에 적합하며 비즈니스 네트워킹과 전문 지식 공유에 최적화되어 있다. 정기적인 업데이트와 전문 콘텐츠 게시로 업계 내 영향력을 구축할 수 있다.
- 블로그/웹사이트: 자신의 전문 지식과 사고를 깊이 있게 표현할 수 있는 플랫폼으로 검색 엔진 최적화로 검색 가시성을 높일 수 있다. 장기적 콘텐츠 자산을 구축하는 데 효과적이다.
- 유튜브: 시각적 콘텐츠로 복잡한 개념을 설명하거나

자신의 개성과 전문성을 생생하게 전달할 수 있다. 교육 콘텐츠나 튜토리얼이 특히 효과적이다.

- 인스타그램: 시각적 스토리텔링에 강점이 있으며 자신의 일상과 전문적 활동을 균형 있게 보여 줄 수 있다. 디자인, 패션, 라이프스타일 분야에서 효과적이다.
- 팟캐스트: 심층 대화와 인터뷰로 전문성을 보여 줄 수 있으며 청취자와의 친밀감을 형성하는 데 유리하다.
- 콘퍼런스/세미나: 직접 대면 소통으로 강력한 인상을 남길 수 있으며 네트워킹 기회를 제공한다.
- 전문지 기고/저서 출간: 전문지 기고는 특정 분야의 전문성과 깊은 안목을 가진 사람으로 인식되게 하며 해당 분야에서 권위를 구축하는 데 도움이 된다. 저서 출간은 단순한 지식 공유를 넘어 자신이 누구인지, 무엇을 대표하는지를 보여 주는 정체성을 만들고 육성할 수 있게 해주는 강력한 퍼스널 브랜딩 도구다.

각 채널의 우선순위는 다음 요소를 고려해 설정한다.

- 타깃 고객의 채널 선호도와 활동 패턴
- 자신의 콘텐츠 제작 능력과 선호도
- 채널의 도달 범위와 영향력

• 시간과 자원 투입 대비 효과

예를 들어 생성형 AI를 활용한 채널 분석 사례로 마케팅 전문가 A씨는 AI를 활용해 자신의 타깃 고객인 스타트업 창업자들이 주로 활동하는 채널과 선호하는 콘텐츠 형식을 분석했다. 다음과 같은 프롬프트를 사용했다.

[프롬프트]

스타트업 창업자들이 주로 활동하는 소셜 미디어 채널과 콘텐츠 소비 패턴을 분석해 줘. 각 채널별 특성과 효과적인 콘텐츠 형식, 그리고 참여도를 높이는 전략을 제안해 줘.

이를 통해 A씨는 링크드인과 트위터가 주요 채널이며 실용적인 팁과 인사이트를 제공하는 짧은 형식의 콘텐츠가 효과적이라는 분석 결과를 얻었다. 이를 바탕으로 채널 우선순위를 조정하고 콘텐츠 전략을 수립할 수 있었다.

미디어 매트릭스 최적화를 위한 데이터 활용

미디어 매트릭스의 효과를 극대화하기 위해서는 데이터 기반의 의사결정이 필요하다. 각 채널의 성과를 지속적으로 모니터링하고 분석해 전략을 최적화해야 한다.

주요 모니터링 지표로는 도달률, 참여도(좋아요, 댓글, 공유 등), 전환율, 체류 시간, 팔로어 증가율 등이 있다. 이러한 데이터를 통해 어떤 채널과 콘텐츠가 가장 효과적인지 파악하고, 자원 배분을 조정할 수 있다.

구글 애널리틱스, 소셜 미디어 인사이트 도구, 이메일 마케팅 플랫폼 등 다양한 분석 도구를 활용해 데이터를 수집하고 분석할 수 있다. 이러한 데이터 분석은 단순히 현재 성과를 평가하는 것을 넘어 미래 전략 수립에 중요한 인사이트를 제공한다.

생성형 AI를 활용한 데이터 분석 사례로 디자인 전문가 B씨는 자신의 소셜 미디어 성과 데이터를 AI에 입력하고 다음과 같은 프롬프트를 사용했다.

[프롬프트]

다음은 내 소셜 미디어 채널별 지난 3개월 성과 데이터다.

[데이터 입력]

이 데이터를 분석해 가장 효과적인 채널과 콘텐츠 유형을 파악하고, 미디어 매트릭스 최적화를 위한 제안을 해 줘.

이를 통해 B씨는 인스타그램 디자인 과정 공유 콘텐

츠가 가장 높은 참여율을 보이고 있으며 링크드인의 전문 지식 공유 글은 전환율이 높다는 인사이트를 얻었다. 이를 바탕으로 채널별 콘텐츠 전략을 조정할 수 있었다.

콘텐츠 마케팅을 통한 브랜드 메시지 전달

전략적 콘텐츠 마케팅 프레임워크 개발

퍼스널 브랜드 커뮤니케이션의 핵심은 가치 있는 콘텐츠를 지속적으로 제공하는 것이다. 콘텐츠 마케팅은 타깃 고객에게 유용하고 관련성 높은 정보를 제공해 신뢰와 권위를 구축하는 방법이다.

효과적인 콘텐츠 마케팅 프레임워크는 다음 요소로 구성된다.

- 콘텐츠 필러(Content Pillars): 자신의 전문 분야와 브랜드 가치를 반영하는 3~5개의 핵심 주제 영역을 설정한다. 이는 일관된 메시지를 전달하고 전문성을 집중적으로 보여 주는 데 도움이 된다.
- 콘텐츠 캘린더: 정기적이고 일관된 콘텐츠 발행을 위한 일정을 수립한다. 주요 업계 이벤트, 시즌별 주제, 트렌드 등을 고려해 계획을 세운다.
- 콘텐츠 포맷 다양화: 블로그 포스트, 비디오, 인포그래

픽, 케이스 스터디, 이메일 뉴스레터, 웨비나 등 다양한 포맷을 활용해 다양한 학습 스타일과 선호도를 가진 고객에게 접근한다.

- 콘텐츠 재활용 전략: 하나의 콘텐츠를 여러 형태로 변환해 효율성을 높인다. 예를 들어, 블로그 포스트를 인포그래픽, 소셜 미디어 게시물, 웨비나 등으로 확장할 수 있다.

퍼스널 브랜드는 지속적인 콘텐츠 생산으로 고객과의 접점을 유지해야 한다. 단발적인 홍보가 아닌 장기적인 관계 구축 차원에서 중요한 요소다.

생성형 AI를 활용한 콘텐츠 전략 수립 사례로 재무 컨설턴트 C씨는 AI를 활용해 자신의 콘텐츠 필러와 콘텐츠 캘린더를 개발했다. 다음 프롬프트를 사용했다.

[프롬프트]

나는 중소기업 대상 재무 컨설턴트로, 퍼스널 브랜드를 구축하고 있다. 내 전문 분야는 현금 흐름 관리, 투자 전략, 세금 최적화다. 이를 바탕으로 3개월 동안의 콘텐츠 필러와 주간 콘텐츠 캘린더를 개발해 줘. 콘텐츠 필러별로 5개의 구체적인 주제와 적합한 콘텐츠 포맷을 제안해 줘.

이를 통해 C씨는 체계적인 콘텐츠 전략을 수립하고, 일관된 메시지를 전달할 수 있었다.

스토리텔링으로 브랜드 메시지 강화

효과적인 퍼스널 브랜드 커뮤니케이션에서 스토리텔링은 핵심 역할을 한다. 스토리텔링은 단순한 정보 전달을 넘어 감정적 연결을 형성하고, 메시지의 기억력을 높이는 강력한 도구다.

퍼스널 브랜드 스토리텔링 주요 요소는 다음과 같다.

- 개인적 여정: 자신의 경험, 도전, 실패, 성공 등으로해 진정성 있는 이야기를 전달한다. 이는 인간적 측면을 보여 주고 공감을 형성하는 데 도움이 된다.
- 고객 중심 스토리: 자신의 전문성이 고객의 문제를 어떻게 해결했는지에 대한 사례를 공유한다. 이는 실질적 가치를 증명하는 효과적인 방법이다.
- 가치와 비전 공유: 자신이 믿는 가치와 추구하는 비전을 스토리를 통해 전달한다. 이는 같은 가치를 공유하는 고객과의 연결을 강화한다.
- 교훈과 인사이트: 자신의 경험에서 얻은 교훈과 인사이트를 공유해 가치를 제공한다.

스토리텔링은 모든 콘텐츠 포맷에 적용할 수 있으며 특히 블로그 포스트, 비디오, 팟캐스트, 강연 등에서 효과적이다.

생성형 AI를 활용한 스토리텔링 개발 사례로 리더십 코치 D씨는 AI를 활용해 자신의 경험을 효과적인 스토리로 구성했다. 다음과 같은 프롬프트를 사용했다.

[프롬프트]

다음은 내가 글로벌 기업의 중간 관리자로 일하면서 겪은 리더십 위기와 극복 과정에 대한 경험이다. [경험 설명]

이 경험을 효과적인 스토리텔링 구조로 재구성하고, 여기서 얻은 리더십 교훈을 강조하는 방식으로 작성해 줘. 도입부, 갈등, 해결, 교훈의 구조를 따라 줘.

이를 통해 D씨는 자신의 경험을 더 매력적이고 교훈적인 스토리로 변환해 블로그와 강연에서 활용할 수 있었다.

다양한 콘텐츠 포맷의 전략적 활용

퍼스널 브랜드 커뮤니케이션에서는 다양한 콘텐츠 포맷을 전략적으로 활용하는 것이 중요하다. 각 포맷은 고유한 장점과 적합한 상황이 있으므로 목적과 타깃 고객에 맞게 선택해야 한다.

생성형 AI를 활용한 콘텐츠 포맷 최적화 사례로 디지털 마케팅 전문가 E씨는 AI를 활용해 하나의 주제를 다양한 포맷으로 변환하는 전략을 개발했다. 다음과 같은 프롬프트를 사용했다.

[프롬프트]

다음 주제에 대한 심층 블로그 포스트를 작성했다. "디지털 마케팅에서 데이터 기반 의사결정의 중요성"이 콘텐츠를 다음 포맷으로 어떻게 변환할지 아이디어를 제안해 줘.

1. 5분 길이의 유튜브 비디오 스크립트
2. 인스타그램용 인포그래픽의 주요 포인트
3. 15분 길이의 팟캐스트 에피소드 개요
4. 이메일 뉴스레터 버전

각 포맷별로 해당 미디어의 특성에 맞게 어떻게 콘텐츠를 조정해야 하는지 설명해 줘.

이를 통해 E씨는 하나의 주제로 다양한 채널에서 일관된 메시지를 전달하면서도 각 미디어의 특성에 맞게 최적화된 콘텐츠를 제작할 수 있었다.

효과적인 브랜드 커뮤니케이션의 힘

퍼스널 브랜드 커뮤니케이션은 단순한 정보 전달을 넘어 고객과의 의미 있는 관계를 구축하는 과정이다. 전략적인 미디어 매트릭스를 구축하고, 콘텐츠 마케팅을 통해 가치 있는 메시지를 전달함으로써 브랜드의 가시성과 영향력을 높일 수 있다.

생성형 AI는 이러한 커뮤니케이션 과정을 더욱 효율적이고 효과적으로 만드는 강력한 도구가 될 수 있다. 채널 분석, 콘텐츠 전략 수립, 스토리텔링 개발, 다양한 포맷으로의 변환 등 커뮤니케이션의 전 과정에서 AI의 지원을 받을 수 있다.

그러나 가장 중요한 것은 진정성과 일관성이다. 어떤 채널과 포맷을 선택하든, 퍼스널 브랜드의 핵심 가치와 메시지가 일관되게 전달되어야 한다. 또한 고객의 니즈와 선호도를 지속적으로 모니터링하고 이에 맞게 커뮤니케이션 전략을 조정하는 유연성도 필요하다.

효과적인 브랜드 커뮤니케이션은 하루아침에 이루어지지 않는다. 지속적인 노력과 실험, 그리고 고객의 피드백을 통한 개선이 필요한 여정이다. 이 여정에서 생성형 AI는 든든한 조력자가 되어 더 많은 고객과 더 의미 있는 방식으로 소통할 수 있게 도울 것이다.

참고문헌

구자룡(2022). 『직장 없는 시대의 브랜딩』. 밀리의서재.

08
퍼스널 브랜드 확산하기

퍼스널 브랜드의 신뢰도를 높이고 확산력을 강화하기 위해 네트워크 효과를 적극 활용해야 한다. 브랜드의 사회적 영향력을 극대화하기 위해 온라인 커뮤니티 구축, 웨비나 등의 방법을 활용해야 한다. 브랜딩을 위한 사회적 증거를 체계적으로 수집하고 이를 활용해야 한다. '어떻게 당신의 브랜드를 더 널리 알릴 수 있을까'에 적합한 전파 방법을 찾아야 한다. AI 기반 퍼스널 브랜딩 6단계는 확산하기다.

AI와 한의학?

네트워크 효과를 활용한 브랜드 확산 전략

네트워크 효과의 이해와 활용

퍼스널 브랜드를 확산하는 데 네트워크 효과(Network effect)는 핵심 역할을 한다. 네트워크 효과란 사용자나 참여자가 증가할수록 해당 서비스나 제품의 가치가 높아지는 현상을 말한다. 퍼스널 브랜드에 적용하면, 당신의 브랜드를 인지하고 지지하는 사람들이 많아질수록 브랜드의 영향력과 가치가 기하급수적으로 증가한다는 의미다.

낯선 사람 효과라는 말이 있다. 네트워크 사회에서는 기존에 학연, 지연 등에 의한 '강력한 연결'이 아니라 그냥 알고만 지내는 정도의 '약한 연결'이 오히려 큰 영향을 미친다. 이는 리처드 코치와 그렉 록우드(Richard Koch & Greg Lockwood)가 제창한 개념으로 퍼스널 브랜드 확산에 중요한 통찰을 제공한다(Koch & Lockwood, 2010).

생성형 AI를 활용한 네트워크 관리 사례로 마케팅 전문가 A씨는 AI를 활용해 자신의 네트워크 맵을 분석하고 관리하는 시스템을 구축했다. 그는 다음과 같은 프롬프트를 사용했다.

[프롬프트]

내 네트워크에 있는 200명의 연락처를 다음 기준으로 분석해 줘.

- 업계별 분류(마케팅, 기술, 금융 등)
- 연락 빈도(최근 3개월 내 접촉 여부)
- 협업 가능성 및 잠재적 가치

그리고 네트워크 강화를 위한 월간 접촉 계획을 수립해 줘.

이를 통해 A씨는 자신의 네트워크를 체계적으로 관리하고, 전략적으로 확장할 수 있었다.

인플루언서 및 전문가와의 협업 전략

퍼스널 브랜드 확산에서 영향력 있는 인플루언서나 업계 전문가와의 협업은 강력한 레버리지를 제공한다. 이들은 이미 구축된 신뢰와 팔로어를 보유해 당신의 브랜드를 새로운 청중에게 효과적으로 소개할 수 있다.

생성형 AI를 활용한 협업 파트너 발굴 사례로, 환경 컨설턴트 B씨는 AI를 활용해 잠재적 협업 파트너를 찾고 접근 전략을 수립했다. 그는 다음과 같은 프롬프트를 사용했다.

[프롬프트]

지속가능성 분야에서 영향력 있는 전문가 10명을 찾아 줘. 각 전문가의 주요 관심사, 최근 프로젝트, 소셜 미디어 플랫폼을 포함해 줘. 그리고 각 전문가에게 협업을 제안할 때 강조할 수 있는 공통 관심사나 시너지 포인트를 제안해 줘.

이를 통해 B씨는 자신의 전문 분야와 시너지를 낼 수 있는 적합한 협업 파트너를 효율적으로 발굴하고, 맞춤형 접근 전략을 수립할 수 있었다.

공동 프로젝트 기획 및 실행

공동 프로젝트는 퍼스널 브랜드를 확산하는 강력한 수단이다. 이는 단순한 네트워킹을 넘어 실질적 가치를 창출하고, 브랜드의 전문성을 실증적으로 보여 줄 수 있는 기회를 제공한다.

생성형 AI를 활용한 공동 프로젝트 기획 사례로 디자인 전문가 C씨는 AI를 활용해 웨비나(Webinar) 시리즈를 기획했다. 그는 다음과 같은 프롬프트를 사용했다.

[프롬프트]

디자인 사고(Design Thinking)와 지속가능성을 주제로 한

4회 웨비나 시리즈를 기획해 줘. 각 회차별 주제, 핵심 내용, 잠재적 게스트 스피커 프로필, 홍보 전략을 포함해 줘. 또한 각 세션에서 참가자들과 상호작용할 수 있는 활동이나 워크숍 아이디어도 제안해 줘.

이를 통해 C씨는 체계적인 웨비나 시리즈를 기획하고, 다양한 분야의 전문가들과 협업해 자신의 브랜드 영향력을 확장할 수 있었다.

온라인 커뮤니티와 디지털 플랫폼 활용

전략적 온라인 커뮤니티 구축 및 운영

온라인 커뮤니티는 퍼스널 브랜드의 영향력을 확장하고 지속적인 가치를 제공할 수 있는 핵심 플랫폼이다. 잘 구축된 커뮤니티는 단순한 팔로어집단을 넘어 브랜드의 옹호자와 확산자 역할을 하는 충성도 높은 그룹으로 발전할 수 있다.

생성형 AI를 활용한 커뮤니티 관리 사례로 재무 교육자 D씨는 AI를 활용해 자신의 온라인 커뮤니티 운영 전략을 개선했다. 그는 다음과 같은 프롬프트를 사용했다.

[프롬프트]

개인 재무 교육 관련 온라인 커뮤니티의 참여도를 높이기 위한 전략을 개발해 줘. 다음 요소를 포함해 줘.

- 주간 토론 주제 아이디어 10개
- 회원들의 성공 사례를 공유하는 효과적인 방법
- 초보자와 전문가 모두를 위한 가치 제공 방안
- 온라인 이벤트 아이디어 및 실행 계획
- 커뮤니티 규칙 및 가이드라인 샘플

이를 통해 D씨는 커뮤니티 참여도를 30% 이상 높이고, 회원들의 지식 공유와 네트워킹을 활성화하는 데 성공할 수 있었다.

웨비나와 온라인 이벤트를 통한 전문성 확산

웨비나와 온라인 이벤트는 퍼스널 브랜드 전문성을 광범위하게 알리고, 잠재 고객이나 협업 파트너와 직접 소통할 수 있는 효과적인 채널이다. 코로나19 이후 온라인 이벤트의 중요성과 효과성은 더욱 부각되고 있다.

생성형 AI를 활용한 웨비나 기획 사례로 리더십 코치 E씨는 AI를 활용해 웨비나 시리즈를 기획하고 실행했다. 그는 다음과 같은 프롬프트를 사용했다.

[프롬프트]

"하이브리드 근무 환경에서의 효과적인 리더십"을 주제로 한 3회 웨비나 시리즈를 기획해 줘. 각 회차별로 다음 요소를 포함해 줘.

1. 세부 주제 및 핵심 메시지
2. 45분 발표를 위한 상세 아웃라인
3. 참가자 참여를 위한 질문 및 활동 5개
4. 발표 슬라이드에 포함할 핵심 데이터 포인트 및 인사이트
5. 참가자에게 제공할 액션 아이템 및 자료

이를 통해 E씨는 체계적이고 가치 있는 웨비나 시리즈를 개발해 자신의 전문성을 효과적으로 알리고, 새로운 고객 및 협업 기회를 창출할 수 있었다.

사회적 증거를 통한 브랜드 신뢰도 구축

사회적 증거의 개념과 중요성

퍼스널 브랜드의 확산에 있어 사회적 증거(Social Proof)는 결정적 역할을 한다. 사회적 증거는 다른 사람들의 행동이나 의견이 개인의 의사결정에 영향을 미치는 심리적 현상으로 마케팅에서는 고객의 신뢰를 얻기 위한 강력한 도구로 활용되고 있다.

사회적 증거라는 용어는 심리학자 로버트 치알디니(Robert Cialdini)가 제시한 개념으로 사람들이 적절한 행동 방식을 결정할 수 없는 모호한 사회적 상황에서 사용되며, 주변 사람들이 현재 상황에 대해 더 많은 지식을 가지고 있다는 가정에서 비롯된다(Cialdini, 2001).

퍼스널 브랜드에서 사회적 증거는 특히 중요하다. 전문가로서의 신뢰도를 구축하기 위해서는 자신의 전문성을 주장하는 것보다 다른 사람들이 인정하는 증거를 제시하는 것이 훨씬 효과적이기 때문이다. 고객들은 자신과 유사한 상황에 있는 다른 사람들의 경험과 의견을 참고해 의사결정을 내리는 경향이 있다.

사회적 증거는 다음과 같은 형태로 나타날 수 있다.

- 고객 추천과 후기
- 전문가 인용 및 추천
- 언론 보도 및 미디어 노출
- 수상 경력 및 인증
- 소셜 미디어 팔로어 수와 참여도

효과적인 사회적 증거 수집 및 활용 전략

사회적 증거를 체계적으로 수집하고 활용하는 것은 퍼

스널 브랜드 확산의 핵심 전략이다. 다음과 같은 방법으로 사회적 증거를 수집하고 활용할 수 있다.

- 체계적인 추천 수집 시스템 구축: 프로젝트나 서비스 완료 후 자동으로 피드백과 추천을 요청하는 시스템을 구축한다. 이메일 템플릿이나 설문 도구를 활용해 일관된 방식으로 추천을 수집할 수 있다.
- 추천 내용의 구체화: 단순한 "좋았습니다"라는 추천보다는 구체적인 성과와 경험을 담은 추천이 더 효과적이다. 고객에게 특정 질문을 제시해 더 구체적인 추천을 이끌어 낼 수 있다.
- 다양한 형태의 사회적 증거 활용: 텍스트 추천뿐만 아니라 비디오 추천, 케이스 스터디, 인포그래픽 등 다양한 형태로 사회적 증거를 제시하면 더 큰 영향력을 발휘할 수 있다.

생성형 AI를 활용한 사회적 증거 관리 사례로 마케팅 컨설턴트 G씨는 AI를 활용해 고객 추천을 분석하고 카테고리별로 분류했다. 그는 다음과 같은 프롬프트를 사용했다.

[프롬프트]

내 서비스에 대한 고객 추천 모음이다. [추천 내용 입력]

이 추천들을 다음 카테고리로 분류해 줘.

1. 전문성 관련 추천
2. 문제 해결 능력 관련 추천
3. 커뮤니케이션 스타일 관련 추천
4. 결과 및 ROI 관련 추천

각 카테고리별로 가장 강력하고 구체적인 추천 3개씩을 선별해 줘.

이를 통해 G씨는 상황과 목적에 맞는 최적의 추천을 효과적으로 활용할 수 있었다.

디지털 공간에서의 사회적 증거 최적화

디지털 환경에서 사회적 증거는 중요한 역할을 한다. 온라인에서는 물리적 접촉이 없기 때문에 신뢰 구축이 더 어렵다. 따라서 사회적 증거의 전략적 배치가 필수다.

디지털 마케팅 전문가 H씨는 자신의 웹사이트에 '성공 사례' 섹션을 만들어 각 산업별로 구체적인 성과와 고객 추천을 함께 제시했다. 이 섹션은 웹사이트 방문자의 체류 시간을 30% 증가시키고, 문의 전환율을 15% 향상시키는 결과를 가져왔다.

지속 가능한 브랜드 확산 전략

퍼스널 브랜드의 확산은 단기적인 마케팅 활동이 아니라 장기적인 관계 구축 과정이다. 네트워크 효과를 활용하고 인플루언서 및 전문가와 협업하며 온라인 커뮤니티와 디지털 플랫폼을 전략적으로 활용하고, 사회적 증거를 체계적으로 수집하고 활용할 때 브랜드의 지속적인 확산이 가능해진다.

성공적인 퍼스널 브랜드 확산을 위해서는 다음 세 가지 핵심 원칙을 기억해야 한다. 첫째, 일관성이다. 모든 접점에서 일관된 메시지와 가치를 전달해야 한다. 둘째, 진정성이다. 실제 전문성과 가치를 바탕으로 한 진정성 있는 브랜드만이 장기적으로 성공할 수 있다. 셋째, 관계 중심이다. 일방적인 홍보가 아닌 상호 가치를 교환하는 관계 구축에 초점을 맞춰야 한다.

퍼스널 브랜드 확산은 단순히 더 많은 사람들에게 알려지는 것을 넘어, 올바른 사람들에게 올바른 방식으로 인식되는 것을 목표로 해야 한다. 이를 통해 단순한 인지도를 넘어 진정한 영향력을 가진 퍼스널 브랜드로 성장할 수 있다.

참고문헌

구자룡(2022). 『직장 없는 시대의 브랜딩』. 밀리의서재.

Cialdini, R. B.(2001). *Influence: Science and Practice.* Allyn & Bacon. 황혜숙 · 임상훈 옮김(2023). 『설득의 심리학 1』. 21세기북스.

Koch, R. & Lockwood, G.(2010). *Superconnect: Harnessing the Power of Networks and the Strength of Weak Links.* W. W. Norton & Company. 박세연 옮김(2012). 『낯선 사람 효과』. 흐름출판.

09
퍼스널 브랜드 재평가 및 조정하기

퍼스널 브랜드는 지속적으로 변화하는 환경에 적응해야 하므로 정기적인 성과 평가 및 전략적 조정이 필수다. 브랜드의 성과를 측정하고, 피드백 루프를 활용해 브랜드 메시지, 커뮤니케이션 전략, 온라인 평판을 지속적으로 개선하고 리브랜딩 전략을 적용해야 한다. '당신의 브랜드는 지금 어떤 변화가 필요한가'에 적합한 새로운 접근 방법을 찾아야 한다. AI 기반 퍼스널 브랜딩 7단계는 재평가 및 조정하기다.

AI와 화장품?

퍼스널 브랜드의 성과 평가와 데이터 분석

성과 측정을 위한 핵심 지표 설정

퍼스널 브랜드의 성과를 객관적으로 평가하기 위해서는 명확한 핵심 성과 지표(KPI, Key Performance Indicator)를 설정해야 한다. 이러한 지표는 브랜드의 목표와 직접적으로 연결되어 있어야 하며 정량적으로 측정 가능해야 한다. 퍼스널 브랜드의 성과를 측정하는 주요 지표는 다음과 같다.

- 온라인 가시성 지표: 소셜 미디어 팔로어 수, 웹사이트 방문자 수, 검색 엔진 순위, 콘텐츠 도달률 등이 여기에 포함된다. 이러한 지표들은 브랜드의 인지도와 영향력을 측정하는 기본적인 척도가 된다.
- 참여도 지표: 콘텐츠에 대한 좋아요, 댓글, 공유 수, 이메일 뉴스레터 개봉률, 웹사이트 체류 시간 등이 여기에 해당한다. 이는 단순한 노출을 넘어 타깃 고객이 브랜드와 얼마나 적극적으로 상호작용하는지 보여 준다.
- 전환율 지표: 문의 건수, 협업 제안, 강연 초청, 고객 계약 성사율 등이 이에 해당한다. 이는 브랜드 노출이 실질적 비즈니스 기회로 이어지는 정도를 측정한다.
- 평판 지표: 온라인 리뷰, 추천서, 미디어 언급, 업계 내

인용 빈도 등이 포함된다. 이는 브랜드의 신뢰도와 권위를 나타내는 중요한 지표다.

브랜드 평판은 고객이 나의 진정성을 느낄 때 좋아진다. 이는 정량적 지표와 함께 정성적인 평가도 중요함을 시사한다

데이터 분석을 통한 인사이트 도출

수집된 데이터는 단순히 숫자로만 이해하는 것이 아니라 의미 있는 인사이트로 변환해야 한다. 데이터 분석을 통해 다음과 같은 중요한 질문에 답할 수 있다.

- 어떤 유형의 콘텐츠가 가장 높은 참여도를 이끌어 내는가?
- 어떤 채널이 가장 효과적으로 타깃 고객에게 도달하는가?
- 브랜드 메시지 중 어떤 부분이 가장 강력하게 공감을 얻는가?
- 어떤 활동이 실질적인 비즈니스 기회로 가장 많이 연결되는가?
- 경쟁자들과 비교했을 때 나의 브랜드 포지션은 어떠

한가?

이러한 질문에 대한 답을 찾기 위해 구글 애널리틱스, 소셜 미디어 인사이트 도구, 설문 조사 플랫폼 등 다양한 분석 도구를 활용할 수 있다. 최근에는 생성형 AI를 활용한 데이터 분석도 가능해졌다.

생성형 AI를 활용한 데이터 분석 사례로 마케팅 컨설턴트 A씨는 자신의 소셜 미디어 성과 데이터를 AI에 입력하고 다음과 같은 프롬프트를 사용했다.

[프롬프트]

다음은 내 링크드인과 블로그의 지난 6개월 성과 데이터다.

[데이터 입력]

이 데이터를 분석해 다음 질문에 답해 줘.

- 어떤 주제의 콘텐츠가 가장 높은 참여율을 보이는가?
- 어떤 형식(텍스트, 이미지, 비디오)이 가장 효과적인가?
- 게시 시간과 참여율 사이에 상관관계가 있는가?
- 내 브랜드 메시지 중 가장 반응이 좋은 부분은 무엇인가?
- 데이터에 기반한 3가지 개선 제안은 무엇인가?

이를 통해 A씨는 자신의 '리더십 관련 콘텐츠'가 '디지털 마케팅 전략' 콘텐츠보다 2배 높은 참여율을 보인다는 인사이트를 얻었고, 이를 바탕으로 콘텐츠 전략을 조정할 수 있었다.

피드백 루프를 통한 브랜드 개선

다양한 피드백 루프 구축하기

퍼스널 브랜드를 지속적으로 개선하기 위해서는 다양한 피드백 루프(Feedback Loop)를 구축하고 활용해야 한다. 피드백 루프는 시스템의 출력이 다시 입력으로 돌아와 시스템을 조정하고 개선하는 과정을 말한다. 어떤 서비스를 제공한 후 고객의 리뷰와 반응을 수집해 서비스 개선에 반영하는 과정이 피드백 루프의 한 예다.

피드백 루프를 활용해 브랜드 메시지, 커뮤니케이션 전략, 온라인 평판을 지속적으로 개선해야 한다. 피드백은 브랜드의 현재 상태와 개선점을 파악하는 데 필수 요소다.

- 직접 피드백 채널: 고객 설문 조사, 일대일 인터뷰, 이메일 피드백 요청, 소셜 미디어 투표 등이 여기에 해당한다. 이는 타깃 고객으로부터 직접적인 의견을 수집하는 방법이다.

- 간접 피드백 채널: 소셜 미디어 모니터링, 온라인 리뷰 분석, 웹사이트 행동 분석 등이 포함된다. 이는 명시적으로 표현되지 않은 고객의 행동과 반응을 관찰하는 방법이다.
- 전문가 피드백 채널: 멘토, 동료, 업계 전문가로부터 피드백을 수집한다. 이는 전문적 관점에서 브랜드의 강점과 약점을 파악하는 데 도움이 된다.

퍼스널 브랜드는 고객이 평가한다. 따라서 고객의 목소리를 듣고 이를 브랜드 개선에 반영하는 과정이 매우 중요하다.

피드백 분석과 우선순위 설정

수집된 피드백은 체계적으로 분석하고 우선순위를 설정해야 한다. 모든 피드백을 동일한 가중치로 처리하는 것이 아니라 브랜드의 목표와 가치에 부합하는 피드백에 더 높은 우선순위를 부여해야 한다.

생성형 AI를 활용한 피드백 분석 사례로 프리랜서 디자이너 B씨는 고객 피드백을 AI에 입력하고 다음과 같은 프롬프트를 사용했다.

[프롬프트]

다음은 내 디자인 서비스에 대한 고객 피드백 모음이다.

[피드백 입력]

이 피드백을 분석해 다음을 제공해 줘.

- 주요 긍정적 피드백 테마 3가지와 각각의 구체적 예시
- 주요 개선 영역 3가지와 각각의 구체적 예시
- 피드백에 기반한 브랜드 메시지 개선 제안
- 서비스 프로세스 개선을 위한 실행 가능한 3단계 계획

이를 통해 B씨는 자신의 '창의적 디자인 접근법'은 높이 평가를 받았지만 '프로젝트 일정 관리'에 대한 불만이 있다는 것을 파악해 개선 조치를 취할 수 있었다.

시장 변화에 따른 브랜드 전략 조정

트렌드 모니터링과 미래 예측

퍼스널 브랜드가 지속적으로 관련성을 유지하기 위해서는 업계 트렌드와 시장 변화를 지속적으로 모니터링해야 한다.

이는 단순히 현재 트렌드를 따라가는 것이 아니라 미래의 변화를 예측하고 선제적으로 대응하는 것을 의미한다. 트렌드 모니터링을 위한 주요 영역은 다음과 같다.

- 업계 동향: 새로운 기술, 방법론, 비즈니스 모델 등장
- 경쟁자 활동: 주요 경쟁자들의 포지셔닝 변화, 새로운 서비스 출시
- 고객 니즈 변화: 타깃 고객의 선호도, 가치관, 행동 패턴 변화
- 기술 발전: 새로운 플랫폼, 도구, 커뮤니케이션 채널의 등장
- 사회경제적 변화: 거시적 환경 변화가 업계에 미치는 영향

이러한 트렌드를 모니터링하기 위해 업계 뉴스레터 구독, 전문 콘퍼런스 참석, 전문가 네트워크 구축, 소셜 리스닝 도구 활용 등의 방법을 사용할 수 있다.

생성형 AI를 활용한 트렌드 모니터링 사례로 금융 컨설턴트 C씨는 매주 다음과 같은 프롬프트를 사용해 업계 트렌드를 분석했다.

[프롬프트]

금융 컨설팅 산업의 최신 트렌드에 대해 다음 항목을 분석해 줘.

- 지난 주 가장 주목받은 금융 기술 혁신 3가지

- 주요 금융 컨설팅 기업들의 최근 전략적 움직임
- 소비자 금융 행동에 영향을 미치는 새로운 규제 또는 정책 변화
- 금융 컨설턴트의 역할과 수요에 영향을 미칠 수 있는 신흥 트렌드
- 이러한 변화가 내 퍼스널 브랜드에 미칠 수 있는 영향과 대응 전략 제안

이를 통해 C씨는 '지속가능한 금융(ESG)'에 대한 관심이 급증하고 있음을 파악하고, 자신의 브랜드 메시지와 서비스 제안에 ESG 요소를 통합하는 전략을 수립할 수 있었다.

브랜드 진화 전략 수립

시장 변화와 피드백 분석을 바탕으로 퍼스널 브랜드의 진화 전략을 수립해야 한다. 이는 브랜드의 핵심 가치는 유지하면서도 새로운 요소를 통합하는 과정이다.

브랜드 진화 전략은 다음 같은 단계로 수립할 수 있다.

(1) 현재 브랜드 상태 평가: 강점, 약점, 차별화 요소, 인식 등 분석

(2) 목표 브랜드 이미지 정의: 향후 1~3년 내에 달성

하고자 하는 브랜드 포지션 설정

(3) 갭 분석: 현재 상태와 목표 상태 간의 차이점 파악

(4) 단계적 변화 계획: 급격한 변화보다는 점진적 진화를 위한 단계별 계획 수립

(5) 리소스 할당: 브랜드 진화에 필요한 시간, 자금, 기술 등의 자원 계획

(6) 실행 및 모니터링: 계획 실행과 결과 추적을 위한 체계 구축

브랜드는 구축도 어렵지만 유지 강화하는 것은 더 어렵다. 따라서 브랜드 진화는 신중하게 계획되고 실행되어야 한다.

리브랜딩과 장기적 성장 전략

리브랜딩이 필요한 시점 인식하기

리브랜딩이 필요한 시점을 인식하는 것은 퍼스널 브랜드 관리에서 매우 중요한 부분이다. 다음과 같은 상황에서 리브랜딩을 고려해볼 수 있다.

- 경력 성장 정체: 현재의 브랜드로는 더 이상의 성장이 어려운 상황에 직면했을 때

- 개인적 가치관과의 불일치: 현재 브랜드가 자신의 현재 가치관이나 목표와 맞지 않을 때
- 새로운 시장 진출 욕구: 새로운 분야나 산업으로 전환하고자 할 때
- 부정적 연관성 극복: 과거의 실수나 부정적 이미지를 극복해야 할 필요가 있을 때
- 브랜드 일관성 부족: 자신이 생각하는 이미지와 타인이 인식하는 이미지 사이에 불일치가 있을 때

리브랜딩은 단순한 시각적 변화를 넘어 브랜드의 핵심 가치와 메시지를 재정립하는 전략적 과정이다. 이는 신중하게 계획되고 실행되어야 한다.

리브랜딩 전략의 단계적 접근

리브랜딩은 급격한 변화보다는 단계적인 접근이 효과적이다. 다음과 같은 단계로 리브랜딩을 진행할 수 있다.

(1) 현재 브랜드 평가: 현재 브랜드의 강점, 약점, 인식 등을 객관적으로 분석한다.

(2) 목표 설정: 리브랜딩을 통해 달성하고자 하는 명확한 목표를 설정한다.

(3) 핵심 가치 재정의: 변화하는 환경과 개인적 성장에 맞춰 핵심 가치를 재정의한다.

(4) 점진적 변화 계획: 급격한 변화보다는 단계적인 변화를 통해 혼란을 최소화한다.

(5) 커뮤니케이션 전략: 변화의 이유와 방향성을 이해관계자들에게 효과적으로 전달한다.

(6) 일관성 유지: 모든 접점에서 새로운 브랜드 메시지와 이미지의 일관성을 유지한다.

생성형 AI를 활용한 리브랜딩 전략 수립 사례로 교육 컨설턴트 D씨는 AI를 활용해 자신의 리브랜딩 계획을 수립했다. 그는 다음과 같은 프롬프트를 사용했다.

[프롬프트]

나는 현재 교육 컨설턴트로 활동하고 있지만, 에듀테크 전문가로 리브랜딩하고자 해. 다음 사항을 고려한 단계적 리브랜딩 계획을 수립해 줘.

- 현재 브랜드 자산(10년 경력, 200개 학교 컨설팅, 교육 방법론 전문가)
- 목표 포지셔닝(교육과 기술의 접점에서 혁신적 솔루션 제공)

- 핵심 타깃 고객(혁신을 추구하는 교육기관 리더)
- 6개월 동안의 단계별 실행 계획
- 리브랜딩 과정에서 발생할 수 있는 위험 요소와 대응 전략

이를 통해 D씨는 기존의 교육 전문성을 유지하면서도 에듀테크 분야로 자연스럽게 전환하는 전략을 수립할 수 있었다. 그는 첫 단계로 에듀테크 관련 자격증을 취득하고, 교육과 기술의 접점에 관한 블로그 시리즈를 시작했으며, 점진적으로 에듀테크 중심의 프로젝트를 수주하는 전략을 실행했다.

장기적 성장을 위한 브랜드 진화 관리

퍼스널 브랜드는 일회성 프로젝트가 아닌 지속적인 여정이다. 장기적인 성장과 관련성을 유지하기 위해서는 브랜드의 진화를 체계적으로 관리해야 한다.

장기적 브랜드 진화 관리를 위한 핵심 전략은 다음과 같다.

- 정기적인 브랜드 건강 체크: 최소 6개월마다 브랜드의 성과와 인식을 평가한다.
- 지속적인 학습과 성장: 새로운 지식과 기술을 습득해

브랜드의 가치를 지속적으로 강화한다.

- 트렌드 통합: 업계 트렌드를 파악하고 이를 브랜드에 적절히 통합한다.
- 네트워크 확장: 다양한 분야의 전문가들과 관계를 구축해 브랜드의 영향력을 확장한다.
- 유연성 유지: 변화하는 환경에 적응할 수 있는 유연한 브랜드 전략을 유지한다.

퍼스널 브랜드의 장기적 성장을 위해서는 현재의 성과에 안주하지 않고 지속적인 혁신과 개선을 추구해야 한다. 이는 브랜드의 지속 가능성과 관련성을 유지하는 데 필수다.

지속 가능성을 위한 재평가와 조정

퍼스널 브랜드의 재평가와 조정은 브랜드의 지속 가능성과 성장을 위한 필수 과정이다. 데이터 분석으로 객관적인 성과 평가, 피드백 루프를 활용한 지속적인 개선, 시장 변화에 따른 전략적 조정, 그리고 필요시 리브랜딩을 통한 근본적인 변화는 브랜드의 장기적인 성공을 위한 핵심 요소다.

성공적인 퍼스널 브랜드는 고정된 것이 아니라 지속

적으로 진화하는 유기체와 같다. 변화하는 환경, 개인의 성장, 새로운 기회에 맞춰 브랜드를 유연하게 조정할 때, 진정한 브랜드의 가치와 영향력을 발휘할 수 있다.

퍼스널 브랜드 재평가와 조정은 단순한 마케팅 활동이 아닌 자신의 전문성과 가치를 세상에 효과적으로 전달하기 위한 전략적 여정이다. 이 여정에서 생성형 AI는 데이터 분석, 트렌드 모니터링, 피드백 분석, 전략 수립 등 다양한 영역에서 강력한 조력자 역할을 할 수 있다.

지속적인 재평가와 조정을 통해 퍼스널 브랜드는 시간이 지남에 따라 더욱 강화되고, 더 넓은 영향력을 발휘할 수 있을 것이다. 이것이 바로 진정한 퍼스널 브랜드의 힘이다.

참고문헌

구자룡(2022). 『직장 없는 시대의 브랜딩』. 밀리의서재.

10
AI 기술과 함께 진화하는 나의 브랜드

AI 시대에서 퍼스널 브랜딩은 단순히 자신의 이미지를 홍보하는 것을 넘어 개인의 가치를 증명하고 확장하는 과정이다. AI와 함께 진화하며 나만의 브랜드를 만들어 가는 여정은 이제 막 시작되었다. 우리는 기술의 힘을 활용하되, 인간만이 제공할 수 있는 진정성, 창의성, 공감의 가치를 잊지 않아야 한다. 그럴 때 우리는 AI 시대의 진정한 브랜드 리더로 성장할 수 있다.

종교와 AI?

AI 시대의 퍼스널 브랜드 진화 방향

기술과 인간성의 균형 유지하기

AI 시대의 퍼스널 브랜딩(Personal branding)에서 가장 중요한 과제는 기술의 효율성과 인간적 진정성 사이의 균형을 유지하는 것이다. 기술이 발전할수록 역설적으로 인간만이 제공할 수 있는 가치가 더욱 중요해진다. 퍼스널 브랜드의 핵심은 결국 자신만의 고유한 관점, 경험, 가치관이기 때문이다.

브랜드는 고객과의 약속이며 그 약속을 지키는 것이 브랜드의 본질이다(구자룡, 2022). AI 도구를 활용하더라도 이 본질은 변하지 않는다. AI는 브랜드의 효율성과 일관성을 높이는 도구일 뿐, 브랜드의 핵심 가치와 진정성은 여전히 인간에게서 비롯된다.

AI 도구를 활용할 때는 자신의 목소리와 스타일을 유지하면서 기술의 이점을 취하는 접근이 필요하다. 예를 들어, AI로 콘텐츠 초안을 생성하더라도 자신의 경험과 통찰을 더해 개인화하고, 자신만의 어조와 스타일로 편집하는 과정이 필수다. 이는 효율성과 진정성을 동시에 확보하는 방법이다.

지속적인 학습과 적응의 중요성

AI 기술은 놀라운 속도로 발전하고 있다. 현재 얼마나 진화했는지를 생각해 보면, 앞으로의 발전 속도는 더욱 가속화할 것이다. 이러한 환경에서 퍼스널 브랜드를 유지하고 발전시키기 위해서는 지속적인 학습과 적응이 필수다.

AI 도구의 새로운 기능과 가능성을 지속적으로 탐색하고, 이를 자신의 브랜드 전략에 통합하는 유연성이 필요하다. 예를 들어, 텍스트 생성에서 시작한 AI 도구들이 이제는 이미지, 비디오, 음성 등 다양한 형태의 콘텐츠 생성으로 확장되고 있다. 이러한 도구들을 효과적으로 활용해 브랜드 표현의 다양성을 높일 수 있다.

퍼스널 브랜딩 전문가 사얀 로이(Sayan Roy)는 "퍼스널 브랜딩은 특히 AI의 부상과 함께 진화했다. 이 기술은 단순한 트렌드가 아니라 다양한 분야의 사람들에게 게임 체인저이며 유용한 도구, 유용한 통찰력, 브랜드를 관리하는 효율적인 방법을 제공한다"고 강조한다(Roy, 2024). 그는 AI 도구가 콘텐츠 제작, 청중 참여, 브랜드 일관성 유지 등에서 전문가들의 브랜드 구축을 크게 향상시킨다고 설명한다.

미래 트렌드 예측과 선제적 대응

AI 기술의 발전은 퍼스널 브랜딩의 미래에도 큰 영향을 미칠 것이다. 미래 트렌드를 예측하고 이에 선제적으로 대응하는 것이 중요하다.

현재 주목할 만한 트렌드로는 AI 기반 개인화, 멀티모달 콘텐츠, 가상 현실(VR)과 증강 현실(AR)을 활용한 브랜드 경험 등이 있다. AI 시장의 성장과 함께 더 많은 AI 기반 브랜딩 도구가 등장할 것이며 이는 퍼스널 브랜딩의 민주화를 가속화할 것이다.

미래를 대비하기 위해서는 단순히 현재의 트렌드를 따라가는 것이 아니라 자신의 브랜드 가치와 목표에 부합하는 기술과 도구를 선별적으로 채택하는 전략적 접근이 필요하다. 모든 새로운 기술을 무조건 도입하기보다는, 자신의 브랜드 정체성과 목표 고객에 맞는 기술을 선택하고 이를 효과적으로 활용하는 방법을 모색해야 한다.

AI를 활용한 퍼스널 브랜드 강화 전략

콘텐츠 생성과 최적화의 혁신

AI 도구는 콘텐츠 생성과 최적화 과정을 혁신적으로 변화시킨다. 챗GPT, 클로드, 퍼플렉시티, 제미나이, 딥시크 등의 도구는 블로그 포스트, 소셜 미디어 게시물, 뉴스레터 등 다양한 형태의 콘텐츠 생성을 지원한다.

이러한 도구들은 시간을 절약하고 콘텐츠의 품질과 일관성을 향상하는 데 큰 도움이 된다. 효과적인 AI 활용 전략으로는 다음과 같은 방법이 있다.

- 콘텐츠 아이디어 생성: AI에게 특정 주제나 키워드에 관한 콘텐츠 아이디어를 요청해 창의적인 발상을 얻을 수 있다.
- 콘텐츠 구조화: 복잡한 주제를 체계적으로 구조화하고 논리적 흐름을 개선하는 데 AI를 활용할 수 있다.
- 다양한 형식으로의 변환: 하나의 콘텐츠를 블로그, 소셜 미디어 포스트, 인포그래픽 등 다양한 형식으로 변환하는 데 AI를 활용할 수 있다.
- 검색 엔진 최적화: 키워드 분석, 메타 데이터 최적화 등 검색 엔진 최적화를 위한 제안을 AI에게 요청할 수 있다.

시각적 브랜드 요소의 고도화

시각적 요소는 퍼스널 브랜드의 인상과 인지도에 큰 영향을 미친다. AI 기반 디자인 도구들은 로고, 색상 팔레트, 소셜 미디어 그래픽 등 브랜드의 시각적 요소를 생성하고 최적화하는 데 큰 도움을 준다.

캔바, 루카(Looka, AI를 활용해 고유한 브랜딩 요소를 만들 수 있도록 지원하는 디자인 플랫폼), 어도비 익스프레스(Adobe Express) 등의 도구는 브랜드의 개성과 산업 맥락을 분석해 맞춤형 디자인 요소를 제안한다. 이를 통해 웹사이트, 소셜 미디어 프로필, 프레젠테이션 등 다양한 매체에서 일관된 브랜드 아이덴티티를 유지할 수 있다.

또한 미드저니, 달리와 같은 이미지 생성 AI를 활용하면 브랜드 스토리를 시각화하거나 독특한 브랜드 이미지를 만들 수 있다. 이러한 도구들은 전문적인 디자인 기술이 없어도 고품질의 시각적 콘텐츠를 제작할 수 있게 해 준다.

데이터 기반 브랜드 전략 수립

AI는 방대한 데이터를 분석해 브랜드 성과를 측정하고 전략을 최적화하는 데 큰 도움을 준다. 소셜 미디어 분석, 웹사이트 트래픽, 콘텐츠 참여도 등 다양한 데이터를 AI로 분석해 인사이트를 도출할 수 있다.

AI 기반 모니터링 도구는 온라인에서 브랜드 언급을

추적하고 감성 분석을 제공한다. 이를 통해 브랜드 인식을 실시간으로 파악하고 필요에 따라 전략을 조정할 수 있다.

데이터 기반 접근법을 통해 어떤 콘텐츠가 가장 효과적인지, 어떤 채널이 가장 높은 참여율을 보이는지, 어떤 메시지가 가장 강력한 반응을 이끌어내는지 등을 파악할 수 있다. 이러한 인사이트를 바탕으로 브랜드 전략을 지속적으로 최적화할 수 있다.

AI 시대의 지속 가능한 퍼스널 브랜드 구축

진정성과 기술의 조화

AI 시대의 퍼스널 브랜딩에서 가장 중요한 것은 기술의 효율성과 인간적 진정성의 조화이다. AI 도구는 콘텐츠 생성, 디자인, 데이터 분석 등 다양한 영역에서 강력한 지원을 제공하지만, 브랜드의 핵심은 여전히 개인의 고유한 가치, 경험, 통찰에서 비롯된다.

Z세대 문화 전략가 발레리 채프먼(Valerie Chapman)은 "개인 브랜드를 막 시작하든 확장하려고 하든, AI는 단순한 유행어가 아니라 모든 사람을 위한 브랜딩을 민주화하는 강력한 도구"(Chapman, 2024)라고 설명하며 AI 기술이 더 다양한 사람들에게 접근성을 제공하고 브

랜딩을 민주화한다는 주제를 지속적으로 강조하고 있다.

성공적인 퍼스널 브랜드는 기술을 활용하되 자신만의 목소리와 관점을 유지하는 균형을 찾아야 한다. AI는 도구일 뿐, 브랜드의 본질은 여전히 인간에게서 비롯된다. 따라서 AI 도구를 활용할 때는 자신의 고유한 경험, 전문성, 가치관을 중심에 두고, 이를 더욱 효과적으로 표현하고 확산하는 방향으로 기술을 활용해야 한다.

지속적인 실험과 적응의 문화

AI 기술은 계속해서 발전하고 있으며 이에 따라 퍼스널 브랜딩의 방법과 도구도 끊임없이 변화하고 있다. 이러한 환경에서 성공적인 퍼스널 브랜드를 구축하기 위해서는 지속적인 실험과 적응의 문화를 받아들여야 한다.

새로운 AI 도구와 기능을 실험하고, 그 결과를 분석해 자신의 브랜드 전략에 통합하는 유연한 접근이 필요하다. 모든 새로운 기술을 무조건 도입하기보다는 자신의 브랜드 목표와 가치에 부합하는 도구를 선별, 채택하고 이를 효과적으로 활용하는 방법을 모색해야 한다.

브랜드는 고정된 것이 아니라 시간에 따라 진화하는 유기체다. 이는 AI 시대에 더욱 중요한 관점이 되었다.

기술의 변화에 맞춰 브랜드도 함께 진화해야 하며 이를 위해서는 끊임없는 학습과 적응이 필요하다.

미래를 향한 퍼스널 브랜드의 여정

AI 시대의 퍼스널 브랜딩은 단순한 자기 홍보를 넘어 자신의 가치를 증명하고 확장하는 여정이다. 이 여정은 기술의 발전과 함께 계속해서 진화할 것이며 이에 따라 우리의 브랜딩 전략도 함께 발전해야 한다.

미래의 퍼스널 브랜딩은 다음과 같은 방향으로 발전할 것으로 예상된다.

첫째, 초개인화다. AI를 활용해 각 고객 세그먼트에 맞춤화된 메시지와 경험을 제공하는 전략이 더욱 중요해질 것이다.

둘째, 멀티모달(Multimodal) 콘텐츠다. 텍스트, 이미지, 오디오, 비디오 등 다양한 형태의 콘텐츠를 통합적으로 활용하는 접근법이 강화될 것이다.

셋째, 탈중앙화된 브랜드 존재감이다. 다양한 플랫폼과 커뮤니티에 분산된 브랜드 존재감을 효과적으로 관리하는 전략이 중요해질 것이다.

넷째, 윤리적 AI 활용이다. AI 활용에서 투명성, 진정성, 윤리적 고려 사항이 더욱 중요한 요소로 부각될 것이다.

다섯째, 공동 창작이다. AI와 인간의 협업을 통한 창의적 콘텐츠 제작이 새로운 패러다임으로 자리 잡을 것이다.

이러한 미래 트렌드에 대비하기 위해서는 기술적 역량을 키우는 것뿐만 아니라 인간적 가치와 창의성을 더욱 발전시키는 균형 잡힌 접근이 필요하다. AI는 도구일 뿐, 브랜드의 진정한 가치는 여전히 인간의 창의성, 공감 능력, 비판적 사고에서 비롯되기 때문이다.

퍼스널 브랜딩, 무한한 가능성의 시작

AI 시대의 퍼스널 브랜딩은 기술과 인간성의 조화, 효율성과 창의성의 균형, 데이터와 직관의 결합을 통해 새로운 차원으로 진화하고 있다. AI 도구는 우리에게 전례 없는 효율성과 확장성을 제공하지만, 브랜드의 핵심은 여전히 개인의 고유한 가치, 경험, 통찰에서 비롯된다.

성공적 퍼스널 브랜드 구축을 위해서는 AI를 단순한 도구가 아닌 창의적 파트너로 인식하고, 기술과 인간성의 최적의 조합을 찾아가는 여정이 필요하다. 이 여정은 끊임없는 학습, 실험, 적응의 과정이며 이를 통해 우리는 AI 시대의 무한한 가능성을 탐색하고 활용할 수 있다.

AI와 함께 진화하는 퍼스널 브랜드의 여정은 이제 막

시작되었다. 이 여정에서 우리는 기술의 힘을 활용하되, 인간만이 제공할 수 있는 진정성, 창의성, 공감의 가치를 잊지 않아야 한다. 그럴 때 우리는 AI 시대의 진정한 브랜드 리더로 성장할 수 있을 것이다.

참고문헌

구자룡(2022). 『직장 없는 시대의 브랜딩』. 밀리의서재.

루카. https://looka.com/

어도비 익스프레스. https://www.adobe.com/kr/express/

캔바. https://www.canva.com/ko_kr/ai-image-generator/

Chapman, V.(2024). How AI is Revolutionizing Personal Branding for the Next Generation of Entrepreneurs. https://www.linkedin.com/pulse/how-ai-revolutionizing-personal-branding-next-valerie-chapman-m9jme/

Roy, S.(2024). How AI is Revolutionizing Personal Branding for Professionals. https://www.linkedin.com/pulse/how-ai-revolutionizing-personal-branding-sayan-roy-k2stc/

부록

1. AI 기반 퍼스널 브랜딩 7단계 프로세스
2. AI와 함께하는 퍼스널 브랜드 여정 시작하기

AI 기반 퍼스널 브랜딩 7단계 프로세스

'AI 기반 퍼스널 브랜딩 7단계 프로세스'는 생성형 AI를 활용해 나만의 독창적인 브랜드를 구축하는 기본 틀(Framework)이다.

그림 1. AI 기반 퍼스널 브랜딩 7단계 프로세스

AI와 함께하는 퍼스널 브랜드 여정 시작하기

첫 단계: AI 도구 탐색과 실험

AI와 함께 퍼스널 브랜드 여정을 시작하는 첫 단계는 다양한 AI 도구를 탐색하고 실험해 보는 것이다. 현재 활용 가능한 주요 AI 도구 카테고리는 다음과 같다.

- 텍스트 생성 AI: 챗GPT, 클로드, 퍼플렉시티, 딥시크 등
- 이미지 생성 AI: 달리, 미드저니, 스테이블 디퓨전 등
- 로고 디자인 생성 AI: 캔바, 루카 등
- 동영상 편집 AI: 브루, 와이즈컷 등
- 데이터 분석 AI: 챗GPT ADA, 줄리어스 AI 등

이러한 도구들을 자신의 브랜딩 활동에 어떻게 통합할 수 있을지 실험해보는 것이 중요하다. 예를 들어, 블로그 포스트 초안 작성, 소셜 미디어 콘텐츠 아이디어 생성, 브랜드 이미지 디자인 등 다양한 영역에서 AI의 활용 가능성을 탐색해 볼 수 있다.

실험 단계에서는 각 도구의 장단점, 자신의 워크플로와의 적합성, 결과물의 품질 등을 평가해 자신에게 가장 적합한 도구 세트를 구성하는 것이 목표다.

두 번째 단계: AI와 인간의 시너지 창출

AI 도구에 대한 이해가 깊어지면, 다음 단계는 AI와 인간의 강점을 결합해 시너지를 창출하는 것이다. 이는 AI의 효율성과 인간의 창의성, AI의 데이터 처리 능력과 인간의 공감 능력, AI의 일관성과 인간의 직관을 결합하는 과정이다.

효과적인 시너지 창출을 위한 접근법은 다음과 같다.

- AI를 아이디어 생성 파트너로 활용: AI에게 다양한 아이디어를 생성하도록 요청하고, 이 중에서 브랜드 가치와 목표에 부합하는 것을 선별해 발전시킨다.
- AI를 편집 및 최적화 도구로 활용: 자신이 작성한 콘텐츠를 AI에게 검토하고 개선 제안을 요청해 품질을 향상시킨다.
- AI를 데이터 분석 조력자로 활용: 브랜드 성과 데이터를 AI에게 분석하도록 요청하고, 이를 바탕으로 인간의 직관과 경험을 결합한 전략적 의사결정을 내린다.
- AI를 학습 가속기로 활용: 새로운 주제나 트렌드를 AI에게 설명을 요청하고, 이를 바탕으로 자신의 지식과 전문성을 확장한다.

이러한 접근법으로 AI의 기술적 역량과 인간의 창의적 역량을 결합해 더욱 강력하고 차별화된 퍼스널 브랜드를 구축할 수 있다.

세 번째 단계: 지속적인 혁신과 적응

AI 기술은 계속해서 발전하고 있으며, 이에 따라 퍼스널 브랜딩의 방법과 가능성도 끊임없이 확장되고 있다. 따라서 지속적인 혁신과 적응은 AI 시대의 퍼스널 브랜드 여정에서 필수 요소이다.

지속적인 혁신과 적응을 위한 전략은 다음과 같다.

- 학습 커뮤니티 참여: AI와 퍼스널 브랜딩 관련 커뮤니티에 참여해 최신 트렌드와 모범 사례를 학습한다.
- 실험 문화 조성: 새로운 AI 도구와 기능을 정기적으로 실험하고, 그 결과를 브랜드 전략에 반영한다.
- 피드백 루프 구축: 브랜드 성과를 지속적으로 모니터링하고, 이를 바탕으로 전략을 조정하는 체계를 구축한다.
- 윤리적 고려사항 통합: AI 활용에 있어 진정성, 투명성, 저작권 등 윤리적 측면을 항상 고려한다.
- 장기적 비전 유지: 단기적인 트렌드에 휩쓸리지 않고,

자신의 브랜드 가치와 목표에 부합하는 장기적 비전을 유지한다.

이러한 전략을 통해 AI 기술의 발전과 함께 자신의 퍼스널 브랜드도 지속적으로 진화하고 성장할 수 있는 기반을 마련할 수 있다.

구자룡

데이터 기반 비즈니스 컨설팅 전문기관인 밸류바인의 대표이며 브랜드 전공 경영학 박사다. 데이터 분석가, 컨설턴트, 칼럼니스트, 강사로도 활동하고 있다. 상명대학교 경영학과 겸임교수와 서울시 서울브랜드위원회 자문위원을 역임했다. 국가공무원인재개발원, 한국금융연수원, 한국생산성본부, 농협, 코스콤, 효성인재개발원 등에서 데이터 분석, 기업 브랜딩과 퍼스널 브랜딩 관련 강의를 했다. 주요 저서로 『챗GPT로 시작하는 데이터 리터러시』(2025), 『AI 데이터 분석』(2024), 『데이터 마인드 기르는 습관』(2024), 『직장 없는 시대의 브랜딩』(2022), 『지금 당장 마케팅 공부하라』(2019), 『한국형 포지셔닝』(2003) 등이 있다. ≪통계의 창≫과 ≪사례뉴스≫에 AI 데이터 분석과 퍼스널 브랜딩 관련 칼럼을 연재하고 있다.

웹사이트: valuevine.kr/
블로그: blog.naver.com/koo_jaryong/
브런치: brunch.co.kr/@choobo/
페이스북: www.facebook.com/KooJaRyong/
유튜브: www.youtube.com/@datamindcoach/